DOMINIQUE LORMIER

ALBERT ROCHE,
PREMIER SOLDAT
DE FRANCE
1914-1918

Dominique Lormier

Historien et auteur de plus de 150 ouvrages, membre de l'Institut Jean Moulin, lieutenant-colonel de réserve, chevalier de la Légion d'Honneur, Dominique Lormier est l'un des plus grands spécialistes des deux guerres mondiales.

Albert Roche, premier soldat de France
1914-1918

Publié par Le Retour aux Sources

www.leretourauxsources.com

© Omnia Veritas Limited – Dominique Lormier – 2020

Tous droits réservés. Aucune partie de cette publication ne peut être reproduite par quelque moyen que ce soit sans la permission préalable de l'éditeur. Le code de la propriété intellectuelle interdit les copies ou reproductions destinées à une utilisation collective. Toute représentation ou reproduction intégrale ou partielle faite par quelque procédé que ce soit, sans le consentement de l'éditeur, de l'auteur ou de leur ayants cause, est illicite et constitue une contrefaçon sanctionnée par les articles L-335-2 et suivants du Code de la propriété intellectuelle.

INTRODUCTION 11

I 23
1914-1915 23

II 62
1916 62

III 101
1917 101

IV 124
1918-1939 124

DOCUMENT ANNEXE I 140
LA VICTOIRE FRANCAISE DE MAI-AOUT 1918 : TOURNANT DE LA GUERRE 140
Une puissante offensive allemande 140
Les Allemands atteignent la Marne 141
La fougueuse contre-attaque française 143
Ultime offensive allemande 143
Le tournant de la guerre sur le front occidental 145
Arme clef de la victoire : le char Renault FT 17 147

DOCUMENT ANNEXE II 150
L'AUTRE GUERRE EN MONTAGNE : LE FRONT AUSTRO-ITALIEN OU L'APPORT CAPITAL DE L'ARMÉE ITALIENNE DANS LA VICTOIRE DES ALLIÉS 150

DOCUMENT ANNEXE III 173
HISTORIQUE DU 27E BATAILLON DE CHASSEURS ALPINS DU 12 NOVEMBRE 1918 À NOS JOURS 173
SOURCES PRINCIPALES 178
DU MEME AUTEUR 181
Aux éditions Le Retour aux Sources 191

« Que leur gloire soit à jamais compagne de notre espérance. »

Charles de Gaulle

« Les fantassins s'immortalisent. Je les revois à l'assaut des crêtes, seuls avec l'éclair et l'acier et avec le regard de la Patrie. Je les revois insurgés contre le ciel tonnant. Ils semblent au premier abord des broussailles et des ronces secouées par la rafale. Puis ils deviennent les dents de la roche furieuse. Ils mordent l'éternité. »

Gabriele d'Annunzio

DOMINIQUE LORMIER

INTRODUCTION

Rien ne semble en apparence prédisposer Albert Roche à devenir le combattant héroïque, « le premier soldat de France » de la Première Guerre mondiale, d'après le maréchal Ferdinand Foch en personne. Petit et chétif, il est refusé par le conseil de révision en 1913, en vue d'accomplir son service militaire ! Pourtant, son visage martial et volontaire, son regard franc et loyal dévoilent une personnalité hors du commun : un homme qui ne recule pas devant l'adversité, bien au contraire. Cette période va être pour lui un moyen d'affronter le danger, de se mesurer à lui. Chose possible, à condition de se forger une nouvelle force intérieure qui, dans le cas spécifique de la guerre, se manifeste sous la forme d'un courage lucide, où la préparation physique doit s'allier à la capacité mentale d'affronter les situations les plus périlleuses, afin de les dominer : victoire de la dignité humaine sur la servitude. C'est en tant qu'engagé volontaire dans un bataillon de chasseurs alpins, unité d'élite de l'armée française, qu'Albert Roche participe activement aux combats dans les tranchées, d'abord sur le difficile front montagneux des Vosges et de l'Alsace, puis sur la Somme et dans l'Aisne.

La guerre d'Albert Roche nous fait entrer au cœur des grandes batailles de 1914-1918, où l'armée française va redevenir la première du monde, détrônant ainsi sa rivale allemande. C'est le premier conflit moderne voyant l'utilisation de toutes les armes industrielles qui vont marquer le 20e siècle. On y engage massivement les mitrailleuses, l'artillerie, l'aviation, les blindés, les gaz de combat et les sous-marins.

Le caractère global de ce conflit et les alliances militaires rendent la stratégie européenne et mondiale. Ce ne sont plus deux pays qui s'affrontent, mais des coalitions de plusieurs nations et empires durant plusieurs années. Les batailles prennent alors une tournure nouvelle, dont les conséquences se répercutent sur les autres théâtres de guerre. Tout au long de ce conflit, les impératifs tactiques et stratégiques penchent en direction de cette globalisation des opérations militaires. Les fronts deviennent dépendants les uns des autres, même si des objectifs locaux marquent parfois la guerre de tranchée. La conquête d'une position est souvent le prélude à une offensive de grande ampleur. Certains assauts visent à détourner l'adversaire d'un danger plus grand qui le menace ailleurs. Tout est lié dans une interdépendance sans fin, puisque la lutte terrestre se poursuit également sur mer et dans les airs, avec des impératifs non seulement militaires, mais également économiques et logistiques. Ainsi, l'Allemagne tente par la guerre sous-marine d'acculer certains pays ennemis à la famine et à la ruine économique, tandis que le blocus naval des alliés vise aux mêmes résultats à l'encontre des puissances centrales.

Les combats de cette guerre mondiale marquent à jamais les esprits par l'ampleur des moyens employés. Le soldat prend conscience de son impuissance physique et morale contre les déluges d'artillerie, qui bouleversent le terrain en quelques heures, comme notamment à Verdun en 1916. Cependant, certains combattants, comme Albert Roche, trouvent dans cette guerre industrielle la force morale nécessaire pour triompher de toutes les difficultés. Bien qu'il soit désormais devenu possible de rendre la guerre totalement inhumaine, par une puissance de feu sans équivalent dans l'histoire des siècles précédents, certains combattants se révèlent de véritables héros, par leur sens du sacrifice, leur courage, leur volonté de vaincre. Le danger peut venir non seulement des pièces d'artillerie à tir rapide, des mitrailleuses, mais également des gaz de combat, de l'aviation de chasse et de bombardement, des tanks tirant de tous côtés.

La monotonie de la guerre de tranchée frappe à juste titre. Attaques et contre-attaques se succèdent d'une manière sordide et meurtrière. De longues périodes d'inaction minent le moral de la troupe, agglutinée dans des tranchées, où la boue, le froid, la neige rendent la situation fort éprouvante physiquement, de même qu'en été, avec un soleil de plomb et une chaleur parfois torride, sans oublier les poux et les rats qui pullulent.

Durant des semaines les soldats français comme Albert Roche, surnommés les « poilus » du fait qu'ils sont de solides gaillards (le poil symbolise la virilité et la bravoure), restent presque sans bouger au fond de leurs tranchées, piétinant dans la boue, sous les bombardements. Parfois il leur faut repousser une attaque ennemie ou passer eux-mêmes à l'assaut. Le plus souvent c'est l'immobilité qui prime. On « tue » le temps avec des jeux de carte, l'observation des positions adverses, la rédaction d'un journal de tranchée ou d'une lettre pour la famille.

Lorsque l'attaque est lancée, l'artillerie d'en face

exécute un tir de barrage, véritable mur d'acier, une pluie d'obus, que les assaillants doivent traverser. Ceux qui y parviennent sont ensuite fauchés par les mitrailleuses ou s'empêtrent dans les fils des barbelés. Lorsque la tranchée adverse est atteinte, il s'ensuit une lutte féroce à la baïonnette, au poignard, à la pelle bêche, à la grenade, si l'ennemi ne s'est pas replié vers la seconde tranchée. Albert Roche se révèle un combattant redoutable, souvent volontaire pour les actions les plus périlleuses. Il parvient à vaincre tous les obstacles et les dangers de cette première guerre moderne.

Généralement les tranchées ne sont pas rectilignes mais creusées en zigzag pour éviter les obus d'artillerie. Il n'y a jamais de tranchées isolées mais une succession de lignes, trois en général. De nombreux boyaux partent de l'arrière du front pour gagner la première ligne. La tranchée est un ouvrage défensif, avec ses réseaux de fils barbelés qui la protègent, sur lesquels les poilus ont accroché des boîtes de conserve, pour prévenir des coups de mains nocturnes. Des nids de mitrailleuses complètent la défense, ainsi que des parapets où des tireurs d'élite guettent l'ennemi.

Entre les tranchées françaises et allemandes se

trouve un espace vide, que l'on nomme no man's land, où patrouillent les soldats des deux camps comme Albert Roche, avec le risque d'y être tué par l'artillerie, par les tirs de fusils ou de mitrailleuses des soldats du camp adverse. Cet espace est plus ou moins grand, allant de quelques kilomètres, de plusieurs centaines de mètres à quelques dizaines de mètres. Dans la tranchée même on creuse également des abris souterrains, appelés cagnas ou gourbis, pour y dormir, y vivre et se protéger des tirs d'artillerie.

Les traumatismes psychiques se multiplient dans cette débauche de destruction massive. Les blessures ne sont pas uniquement physiques. La guerre terminée, les rescapés du massacre continuent de la vivre en esprit, marqués à jamais par les horreurs de toutes sortes. Certains s'enferment dans le labyrinthe des souvenirs de cette tragédie, devenant ainsi des absents du monde réel. Le fascisme naît en partie de cette nostalgie de la bravoure guerrière, trouvant dans la volonté de puissance totalitaire un moyen de faire perdurer l'esprit de corps de tranchées. L'inadaptation d'une partie de cette population à la vie civile fait naître un vaste sentiment d'incertitude sur le futur. On tente d'y remédier par un pacifisme qui veut rendre la guerre hors-la-loi, mais là encore la fuite de la réalité rend la situation tragique. Le nationalisme revanchard des vaincus heurte de plein fouet l'utopie d'un monde sans haine et sans armes. La fin inachevée de la Première Guerre mondiale et sa paix, en partie bâclée, sont les préludes d'un prochain conflit, encore plus dévastateur.

Albert Roche est avant tout un ardent patriote, un homme de devoir, qui sait voir juste, sans tomber dans les extrémismes de tous bords. Il a le sens de la réalité et ne s'enferme pas dans les utopies mensongères de toutes sortes. C'est le bon sens paysan, marqué par la vie, à la fois dure et paisible, de la campagne. Habitué aux tâches les plus pénibles, il n'en conserve pas moins sa bonne humeur, sa foi en l'humanité. Il a aimé cette France dans « la joie et la douleur », en incarnant à jamais l'histoire admirable du poilu de la Grande Guerre, ce soldat des tranchées qui a repoussé l'invasion allemande par sa ténacité, son courage, son sens du sacrifice, son amitié indestructible « de l'esprit des tranchées », et tout simplement son humanité...

Albert Roche est le symbole de la France de 14-18, capable de vaincre un adversaire plus puissant en apparence, avec l'aide de ses alliés britanniques, italiens, russes, américains, belges et autres, tout en fournissant l'effort principal dans la victoire finale, par le nombre inégalé de ses divisions, par son expérience acquise en quatre années de guerre, faisant ainsi de son armée la plus puissante du monde en 1918. Car contrairement à la légende, la France de 1918 n'est pas uniquement un pays saigné à blanc avec ses 1 400 000 soldats morts, c'est également un pays qui a forgé un instrument de guerre redoutable, comme l'écrivent fort justement le colonel Michel Goya et Pierre Grumberg : « Appuyée par une industrie inventive et productive, commandée par des chefs novateurs, motorisée en masse, l'armée française de 1918 n'a rien en commun avec l'outil statique en 1916. Après avoir soutenu victorieusement – et en infériorité numérique – un ultime choc allemand, les offensives répétées, inventées par Pétain et Foch, écrasent l'appareil militaire allemand en quatre mois. Jamais depuis Austerlitz et Iéna les armes françaises n'avaient atteint un tel niveau. Et jamais plus elles ne le retrouveront (…). L'armée française de 1918 livre 14 batailles, dont 12 victoires, là où en 1916, elle n'en livrait que deux : Verdun et la Somme. »[1]

À travers la guerre incroyable et héroïque d'Albert

---

[1] *Dossier Guerres et Histoire n°5*, 1918, l'armée française à son zénith, doctrine, opérations, matériels : France 3 – Allemagne 0, éditions France-Mondadori.

Roche, c'est bien l'épopée du légendaire poilu de 14-18 que nous faisons revivre, celui du sacrifice de toute une nation.

Cet ouvrage n'aurait pas été possible sans l'aide documentaire des descendants de la famille d'Albert Roche, dont Tommy Falchero, étudiant et passionné d'histoire militaire, ainsi que par le dévouement essentiel de la municipalité de Réauville, lieu de naissance d'Albert Roche, dont Madame le Maire Marie-Hélène Soupre m'a ouvert toutes les archives militaires du héros local, même si une partie a disparu lors d'un bombardement aérien durant la Seconde Guerre mondiale, dont son courrier personnel. L'historique de 14-18 du 27e bataillon alpin de chasseurs à pied, unité combattante d'Albert Roche, m'a également été d'une aide précieuse pour suivre tout son parcours militaire. Il en va de même de la consultation des archives militaires françaises de Vincennes, des archives militaires allemandes de Fribourg-en-Brisgau et de Berlin, des archives militaires britanniques de Londres, des archives militaires italiennes de Rome, des archives militaires autrichiennes de Vienne, sans oublier les nombreux ouvrages et revues consultés sur la Première Guerre mondiale, afin d'avoir un regard panoramique et global de ce conflit moderne.

Si l'armistice de novembre 1918 est une victoire

indiscutable pour la France et ses Alliées, le bilan humain n'en demeure pas moins effroyable pour le pays. La France, vu sa population d'avant-guerre, est le pays qui a le plus souffert. Elle a perdu près de 1,7 millions d'hommes (dont 1,4 millions de soldats), soit 4,3 % des 39 millions de Français recensés en 1914. En comparaison, l'Allemagne a perdu 2,5 millions d'hommes, dont 2 millions de militaires, soit 3,8 % de ses 68 millions d'habitants. Sur les 6,5 millions de blessés, près d'un demi-million mourra en outre prématurément. Auquel s'ajoute celui des destructions car la guerre s'est surtout déroulée sur le territoire français, où 801 communes et 14 235 usines sont ravagées, 300 000 maisons détruites, 600 000 hectares de terres cultivables hors-service.[2] L'histoire extraordinaire de la guerre d'Albert Roche n'en n'est que plus poignante et passionnante.

Afin de mieux comprendre la guerre du « premier soldat de France », il était indispensable de s'attacher à une présentation panoramique, tenant compte non seulement de son vécu personnel, mais également de l'historique des

---

[2] *Dossier Guerres et Histoire* n°5, op.cit.

combats dans sa globalité. Ainsi, à travers l'incroyable destin de ce poilu, on découvre les principales batailles du front français de 14-18, avec la guerre de mouvement de l'été 1914, la bataille de la Marne qui condamne l'Allemagne à une guerre d'usure, longue et meurtrière, sur deux fronts (contre la France et la Russie), les combats particuliers et incroyables sur les sommets montagneux des Vosges et de l'Alsace en 1915, les offensives sur la Somme et l'Aisne de 1916 et 1917, sans oublier Verdun qui symbolise à jamais la résistance héroïque des poilus. Enfin, la victoire de 1918, où les chasseurs alpins comme Albert Roche se distinguent particulièrement. En document annexe, il était nécessaire d'y faire figurer l'autre guerre en montagne de ce Premier Conflit mondial, après celle des Vosges et de l'Alsace, à savoir le front austro-italien des Alpes, rendant ainsi également hommage à l'héroïsme des combattants italiens qui, comme les chasseurs alpins français, ont accompli des exploits surhumains sur les sommets enneigés, dans les pires conditions topographiques et atmosphériques : témoignage ultime de la fraternité des soldats alliés dans la victoire finale, d'autant que le destin du plus vieux et dernier poilu de France, soldat français puis italien, en la personne de Lazare Ponticelli (1897-2008), s'accorde parfaitement, par le courage et le sens du sacrifice, avec celui du Premier soldat de France, en la personne d'Albert Roche qui aura capturé à lui seul 1180 soldats allemands de 1915 à 1918 !

I

1914-1915

Albert Roche voit le jour le 5 mars 1895 à Réauville, dans le département de la Drôme. Troisième fils d'une famille nombreuse de cultivateurs, c'est un enfant vif, espiègle et joyeux, élevé dans la religion catholique. En 1913, il a 18 ans lorsqu'il se présente au conseil de révision pour accomplir son service militaire. Jugé trop chétif, il est refusé ! À cette époque très cocardière, être refusé au conseil de révision est une honte. Le patriotisme est une valeur essentielle dans les campagnes et les villes. Les filles se moquent de lui, n'en veulent pas pour mari. Pourtant, malgré sa petite taille, il est endurant et obstiné. Son visage de solide paysan n'est pas celui d'un pleutre. Son regard volontaire et intelligent en impose.

L'armée est choyée par la population. La troisième République entreprend un effort gigantesque pour doter la

France d'une force militaire puissante, suite à la défaite militaire de 1870-1871 contre la Prusse et les états allemands. La reconquête des territoires perdus de l'Alsace et de la Lorraine occupe l'esprit des politiques et des militaires français. Cela débute avec la loi sur le recrutement, votée le 27 juillet 1872, déclarant le service militaire obligatoire pour tous d'une durée de 5 ans. Les anciens appelés du contingent font ensuite parti, durant 15 à 20 ans, des réservistes et des territoriaux, mobilisables à tout moment.

La loi du 13 mars 1875 fixe la composition de l'armée de la métropole à 144 régiments d'infanterie, 30 bataillons de chasseurs à pied, 38 régiments d'artillerie, 70 régiments de cavalerie ; et pour les troupes d'Algérie à 4 régiments de zouaves, 3 régiments de tirailleurs, 1 régiment de la légion étrangère, 5 bataillons d'Afrique, 8 régiments de cavalerie, les services d'artillerie étant assurés par des batteries détachées.

Diverses fortifications sont construites ou améliorées dans le nord et l'est de la France, notamment à Lille, Maubeuge, La Fère, Reims, Paris, Verdun, Toul, Épinal, Belfort, Langres, Dijon, Besançon. Le général Serré de Rivières, sorti de l'école polytechnique en 1837, est l'instigateur de ce vaste programme défensif, devant permettre à la France de pouvoir mobiliser son armée en toute sécurité.

La loi de recrutement de 1889 établit les dispositions suivantes : tous les Français doivent 25 ans de service, dont 3 années dans l'armée d'active, 7 dans la réserve et 15 dans la territoriale. Le nombre des sous-officiers de carrière passe de 8000 en 1881 à 48 000 en 1913. En 1886, l'infanterie est armée du fusil Lebel, première arme à répétition utilisant la poudre sans fumée. L'artillerie ne cesse de se perfectionner, avec notamment la sortie en 1893 du canon de 75 mm à tir rapide, supérieur à tous ses rivaux. Définitivement adopté en 1897, il est mis en fabrication dans le plus grand secret. La loi du 21 mars 1905 fixe la durée du service actif, égale pour tous, à 2 ans, et sa durée totale à 25 ans, dont 11 ans dans la réserve et 12 ans dans la territoriale.

En 1913, l'armée allemande compte 42 000 officiers, 112 000 sous-officiers et 722 000 soldats ; contre 29 000 officiers, 48 000 sous-officiers et 532 000 soldats dans l'armée française. Grâce à la loi du 7 août 1913, le service militaire en France est de nouveau établi à trois ans, permettant ainsi à l'armée de porter ses effectifs en temps de paix à 760 000 hommes, le 15 avril 1914. Des hommes politiques comme Raymond Poincaré et Louis Barthou, sans oublier le général Joffre, sont à l'origine de cette mesure qui permet à la France, moitié moins peuplée que l'Allemagne, de disposer d'effectifs militaires aussi importants.

Parallèlement au développement de l'armée métropolitaine, la France se dote d'une puissante armée coloniale, dont la loi du 7 juillet 1907 lui attribue un régime propre et un budget distinct. On assiste à la création de 19 régiments d'infanterie coloniale et 7 régiments d'artillerie coloniale. Les troupes indigènes des différentes colonies, à l'exception de celles de l'Afrique du Nord, entrent également dans la composition de l'armée coloniale, avec les tirailleurs sénégalais, regroupant en fait l'ensemble des troupes noires de l'Afrique occidentale et équatoriale française. L'armée d'Afrique, distincte de l'armée coloniale, repose sur les unités algériennes, marocaines et tunisiennes. Enfin, les tirailleurs indochinois sont incorporés dans l'armée coloniale.

En août 1914, début du déclenchement des hostilités en Europe, le commandement allemand prévoit une invasion rapide de la Belgique, afin de prendre à revers le gros de l'armée française, imprudemment engagée en Lorraine. L'armée allemande, défendant la Lorraine, doit repousser les attaques françaises, tandis qu'une vaste offensive allemande, venant de Belgique, a pour mission de dépasser la basse Seine, en assiégeant Paris par l'ouest et le sud, afin d'encercler l'adversaire en pleine retraite à l'est du front et de le forcer à capituler.

De son côté, le commandement français prévoit d'enfoncer le front allemand au centre, à savoir la Lorraine, afin de couper en deux l'armée adverse, en affaiblissant ainsi sa cohésion et sa puissance. La percée effectuée, l'armée française sera ainsi en mesure de contraindre l'ennemi à une longue retraite en territoire allemand. Négligeant la Belgique, pays neutre, tout y en maintenant des faibles forces à la frontière, la stratégie française est résolument offensive, alors que celle de l'Allemagne combine judicieusement l'offensive d'encerclement avec la défense temporaire de fixation.

L'armée française d'août 1914 aligne 84 divisions d'infanterie, 10 divisions de cavalerie, 4000 canons de 65 mm et 75 mm, 380 pièces de 120 et 155 mm ; tandis que l'adversaire allemand engage sur le front occidental 78 divisions et 22 brigades d'infanterie (représentant l'équivalent de 10 autres divisions), 10 divisions de cavalerie, le gros de ses 5000 pièces d'artillerie de 77 mm et de ses 3500 canons de 105 mm à 420 mm.

L'armée française peut compter sur l'aide de 6 divisions britanniques d'infanterie et 1 de cavalerie, sans oublier 6 divisions belges d'infanterie et 1 de cavalerie.

Ainsi, sur le front occidental, 98 divisions allemandes (infanterie et cavalerie) affrontent 108 divisions alliées, dont 94 divisions françaises. Encore faudrait-il se mettre d'accord sur la valeur réelle, en effectifs, des divisions en présence. Les divisions belges et britanniques d'infanterie alignent en moyenne 9000 à 13 000 hommes, alors que les divisions françaises et allemandes montent jusqu'à 18 000 hommes.

La légère supériorité des effectifs alliés, souffrant d'un manque de cohésion d'ensemble du fait de la neutralité de la Belgique et de la prudence britannique, est largement compensée par l'écrasante supériorité numérique allemande en artillerie lourde. Supériorité également technique lorsque l'on sait que les meilleurs canons lourds français de campagne portent à seulement 6500 mètres de distance, alors que leurs rivaux allemands les plus puissants atteignent leurs cibles jusqu'à 14 000 mètres. Il existe certes une artillerie lourde française de siège, mais son absence de mobilité rend son utilisation limitée à la guerre de position, alors que les deux premiers mois du conflit sont marqués par les mouvements rapides de l'offensive, de la retraite et de la contre-offensive. Enfin, l'armée française ne dispose que de 6 mitrailleuses par régiment contre 12 chez les Allemands.

Le fantassin français est quasiment l'unique combattant d'Europe à porter encore un uniforme voyant (pantalon rouge), hérité des guerres du siècle passé, alors que son rival allemand a adopté la tenue moderne feldgrau (gris-vert de campagne). En 1915, l'armée française adoptera un uniforme gris-bleu de campagne, moins voyant.

Lorsque l'Allemagne déclare la guerre à la France en août 1914, Albert Roche, bien que refusé au conseil de révision en 1913, décide de s'engager pour défendre la patrie. Son père s'y oppose fermement, car on a besoin de bras à la ferme. Mais Albert n'a que faire du refus paternel. Il se renseigne pour accomplir un engagement volontaire. Une nuit de décembre 1914, il prend son sac et se sauve, quitte le village. On lui a assuré qu'il peut se présenter au camp d'instruction d'Alban, rattaché au 30e bataillon de chasseurs, qui accepte les volontaires. Le 16 décembre, il est incorporé dans cette unité d'élite. Les bataillons de chasseurs à pied et de chasseurs alpins sont en effet des troupes réputées peur leur endurance au combat.

Depuis plusieurs mois, la guerre fait alors rage sur le front occidental. Lorsque l'armée allemande envahit la Belgique en août 1914, le commandement français n'est pas entièrement surpris, contrairement à ce qui est souvent affirmé : il engage la 5e armée française du général Lanrezac, le corps expéditionnaire britannique du général French et compte sur le concours de l'armée belge, tandis que 4 autres armées françaises sont massivement engagées en Lorraine et en Alsace.

Le commandement français se trompe cependant sur l'importance des troupes allemandes attaquant la Belgique. Il n'y voit qu'une offensive de diversion, de même qu'il sous-estime la puissance de l'armée allemande en Lorraine, évaluant ses effectifs à 46 divisions au lieu des 68 divisions déjà positionnées dans ce secteur. Le général Joffre, commandant en chef de l'armée française, estime que l'étirement des lignes allemandes, de la Belgique à l'Alsace, va lui permettre de répéter la bataille d'Austerlitz et de frapper l'ennemi au centre, principalement en

Lorraine, pour le couper en deux. Or, le commandement allemand n'hésite pas à engager dès le début des opérations ses troupes de réservistes, que Joffre sous-estime en importance et en qualité.

De son côté, le commandement belge croit que la solidité de ses fortifications, bordant la frontière allemande, permet de fixer assez longuement l'offensive allemande, afin de favoriser l'arrivée des troupes franco-britanniques. Or l'artillerie lourde allemande se montre rapidement capable d'écraser les forts belges les plus solides.

L'offensive française en Lorraine, du 17 au 24 août 1914, tourne court. L'infanterie française, faiblement soutenue par son artillerie, subit de lourdes pertes. On déplore 30 000 soldats français tués rien que le 22 août 1914 ! Un régiment d'infanterie perd 1034 de ses hommes sur 3200 présents en quelques minutes ! L'artillerie lourde allemande muselle sa rivale française avec d'autant plus de facilité que ses canons sont dix fois plus nombreux et portent deux fois plus loin !

Devant la progression de l'armée allemande en Belgique et son échec cuisant en Lorraine, le général Joffre ordonne la retraite générale. Les Allemands pensent avoir désormais le champ libre pour exécuter leur plan d'encerclement du gros de l'armée française. Cependant, les troupes britanniques au Cateau et françaises à Guise mènent des actions retardatrices qui permettent un repli en bon ordre de l'armée française battue en Lorraine. De même, devant Verdun, Nancy et Toul, la 3e armée française du général Sarrail et la 2e du général de Castelnau opposent une farouche résistance à des forces allemandes plus nombreuses. Enfin, la valeureuse armée belge lutte pied à pied avec un immense courage.

Joffre enjoint au reste de son armée (6e armée française, corps expéditionnaire britannique, 5e, 9e et 4e armées françaises) de se rétablir au sud de la Marne pour y affronter l'ennemi dans une bataille décisive.

Le commandement allemand, trop confiant dans son succès défensif en Lorraine, accumule les erreurs. Si l'aile droite allemande avance vite en refoulant les Français entre Paris et Verdun, le repli français se déroule en bon ordre. Pour hâter la fin de l'adversaire français, le général von Kluck, commandant de la 1ère armée allemande, décide de ne plus appliquer le plan à la lettre. Au lieu de contourner Paris par l'ouest, il dirige son armée à l'est de la capitale française, en direction de Coulommiers, pour presser davantage le corps expéditionnaire britannique et la 5e armée française du général Franchet d'Esperey. Au même moment, la 6e armée française du général Maunoury menace l'aile droite de la 1ère armée allemande à l'ouest, entre Senlis et Meaux. Dix divisions allemandes sont retenues par les sièges d'Anvers et de Maubeuge, en Belgique, ou en instance de départ pour la Prusse orientale, devant la menace russe. La cavalerie allemande demeure passive à Amiens, s'en prendre la peine d'occuper les côtes de la Manche.

Le 3 septembre 1914, des aviateurs français voient l'aile droite allemande délaisser Paris pour marcher vers le sud-est. Le général Gallieni, gouverneur de Paris, ordonne alors à la 6e armée française du général Maunoury de frapper le flanc de la 1ère armée allemande, ce qui a pour effet de stopper sa progression. Du coup, le général Joffre ordonne de mettre fin à la retraite et de contre-attaquer immédiatement.

La contre-offensive française débute le 5 septembre, de Senlis à Vitry-le-François, sur environ 200 kilomètres, où 4 armées françaises et le corps expéditionnaire britannique affrontent 4 armées allemandes. Lorsque la 6e armée française du général Maunoury, lancée par Gallieni contre le flanc de la 1ère armée allemande, passe à l'offensive, elle cause une grande inquiétude au général von Kluck, qui craint d'être pris à revers. Pour y faire face, la 1ère armée allemande est obligée d'arrêter l'axe de son avance vers le sud-est.

Les autres armées allemandes continuent la poursuite des forces françaises et britanniques, de telle sorte qu'une brèche énorme de 50 kilomètres s'est ouverte au centre du dispositif entre les 1ère et 2e armées allemandes, à compter du 7 septembre 1914. Les 8 et 9 septembre, le corps expéditionnaire britannique et la 5e armée française s'y engouffrent avec facilité, menaçant ainsi la 1ère armée allemande d'encerclement. Devant cette menace, le général von Bülow, qui commande la 2e armée allemande, arrête ses troupes. Le commandement allemand perd totalement de son assurance. La redoutable machine de guerre germanique s'enraye et il n'y a pas de solution de rechange. La défaite allemande est irrémédiable les 8 et 9 septembre 1914.

Pour qu'elle se transforme en déroute, il faudrait que la poursuite des troupes françaises et britanniques soit menée avec vigueur et rapidité. Mais les troupes alliées ont énormément souffert depuis le mois d'août et la victoire de la Marne, concrétisée le 10 septembre, a été très coûteuse en vies humaines. Le repli allemand s'effectue en bon ordre.

L'espoir allemand de finir la guerre à l'ouest début septembre 1914 se termine par une défaite, dont les conséquences stratégique sont énormes : l'Allemagne est condamnée à la guerre sur deux fronts, contre la France et la Russie, véritable hantise des stratèges de toutes les guerres. Elle espérait vaincre rapidement la France pour ensuite engager toutes ses forces contre la Russie. Le 11 septembre, le recul allemand est général, Joffre peut télégraphier au gouvernement français, replié sur Bordeaux, que « la bataille de la Marne s'achève en une victoire incontestable ». L'infanterie française, qui a parcouru de nombreux kilomètres depuis le 15 août, de Mézières à Reims, par Charleroi, Guise, Laon et Montmirail, est épuisée. L'armée allemande recule de 60 à 150 kilomètres pour établir un front sur l'Aisne. La Marne sauve la France d'un désastre, brise définitivement le plan de guerre allemand et détruit le mythe d'invincibilité de l'état-major à Berlin. Albert Roche est rassuré par la victoire des armées françaises sur la Marne. Il va pouvoir s'engager à temps voulu et suivre l'instruction militaire en toute sécurité.

Du 5 au 14 septembre 1914, 1 100 000 soldats français et 200 000 soldats britanniques ont tenu en échec

1 485 000 soldats allemands, sur 300 kilomètres de front, de Senlis à Verdun. Les pertes témoignent de l'acharnement de cette bataille, avec 143 000 soldats français hors de combat (tués ou blessés), 33 000 soldats britanniques et 216 000 soldats allemands. Les troupes françaises ont également capturé 40 000 soldats allemands.

Plus à l'est, la bataille pour Nancy (4-12 septembre 1914), prolongement de la bataille de la Marne, se termine par une éclatante victoire de la 2e armée française du général de Castelnau qui, bien que luttant à un contre deux en infanterie et un contre trois en artillerie, parvient à repousser la 6e armée allemande du Kronprinz de Bavière.

Le général von Kluck, commandant de la 1ère armée allemande (battue sur la Marne), ne peut cacher son admiration devant l'étonnante bravoure des troupes françaises : « Que des hommes ayant reculé pendant dix jours, couchés par terre, à demi morts de fatigue, puissent reprendre le fusil et attaquer au son du clairon, c'est une chose avec laquelle nous n'avions pas appris à compter, une possibilité dont il n'avait jamais été question dans nos écoles de guerre. »[3]

Le canon français de 75 mm a joué un rôle important dans le succès français sur la Marne. En effet, l'étirement excessif des lignes allemandes prive l'infanterie d'un soutien suffisant en artillerie lourde, retardée à l'arrière par les difficultés logistiques du transport ou la résistance héroïque de plusieurs forts belges. Le canon de 75 se trouve alors en mesure de refouler les régiments ennemis, surtout que son rival allemand de 77 mm est incapable de museler son incroyable cadence de tir. Capable de tirer 25 obus à la minute, le double de ses homologues étrangers, il porte jusqu'à 8000 mètres, alors que son adversaire allemand, le 77 mm modèle 1896, n'atteint que 5500 mètres.

L'infanterie française s'avère également particulièrement endurante : capable d'attaquer avec fougue, de reculer pour des raisons tactiques et de subitement contre-attaquer, à la grande surprise du commandement allemand. Composée en majorité de paysans comme Albert Roche, habitués aux tâches physiques les plus rudes, cette infanterie supporte les pires

---

[3] Archives militaires allemandes, Fribourg-en-Brisgau.

privations sans perdre de sa valeur combative. Qu'on se représente le soldats français dans la chaleur torride des mois d'août et de septembre 1914, titubant sous sa charge écrasante, penché en avant pour compenser la douloureuse traction de son invraisemblable paquetage (environ 30 kg), et déjà on frémira d'une pitié mêlée d'admiration pour celui qui bientôt deviendra le légendaire « poilu ».

La guerre se poursuit. De Nieuport à Craonne, sur 500 kilomètres de front, trois armées françaises, le corps expéditionnaire britannique et la valeureuse armée belge repoussent, d'octobre à décembre 1914, les assauts enragés de cinq armées allemandes. Ces combats sont connus sur le nom de bataille de la course à la Mer : l'armée allemande tente de déborder vainement à chaque fois l'aile gauche des défenses alliées à l'ouest. Cet affrontement se termine par la mise hors de combat (tués ou blessés) de 254 000 soldats français, 17 000 soldats britanniques, 10 000 soldats belges et 170 000 soldats allemands. L'armée allemande, bien que bénéficiant d'une écrasante supériorité en artillerie lourde, n'a pu à nouveau rompre le front adverse. Une fois de plus, les troupes françaises ont payé le prix fort de cette bataille, jouant un rôle décisif dans cette victoire défensive, permettant la sauvegarde de ports importants comme Dunkerque et Calais.

Sur 950 kilomètres de front, de la mer du Nord à la frontière suisse, la guerre se fige en combats de tranchées, où les deux camps s'opposent par des duels d'artillerie, des attaques et contre-attaques stériles, pour des gains territoriaux dérisoires et des pertes humaines souvent effrayantes.

Le bilan de l'année 1914 se solde positivement pour la France, malgré l'impréparation militaire de son armée, moitié moins de mitrailleuses par régiment et dix fois moins d'artillerie lourde que sa rivale allemande : elle est parvenue à repousser l'offensive ennemie, obligeant l'Allemagne à lutter sur deux fronts, face à la France et à la Russie. L'espoir d'une guerre éclaire contre la France s'effondre de même que le mythe du rouleau compresseur russe fait long feu, lors de la victoire allemande de Tannenberg en septembre 1914.

Alors que l'année 1914 se termine, Albert Roche, finalement incorporé au 30e bataillon de chasseurs, espère faire ses preuves au front. Mais, à l'instruction, il est mal noté par ses supérieurs. On lui reproche son indiscipline et son indépendance d'esprit, même si on reconnaît les qualités de son incroyable endurance physique. Il craint de passer la guerre au camp d'Alban sans combattre une seule fois les Allemands. Il enrage. Les filles vont se moquer encore de lui ! Drôle de soldat qui n'aura jamais quitté l'instruction ! Finalement, dégouté, il s'enfuit. Rapidement rattrapé par les gendarmes, il en envoyé en prison pour désertion. Il se défend en affirmant vouloir se battre et en refusant de rester toute la guerre dans un camp d'instruction : « Moi, je veux aller où l'on combat les Allemands. »[4]

Il est finalement écouté par ses supérieurs. Un officier signe sa mutation pour le 27e bataillon alpin de chasseurs à pied, unité d'élite de l'armée française, qui prendra le nom de 27e bataillon de chasseurs alpins (BCA) en 1916. Le 27e bataillon de marche de chasseurs à pied (futur 27e BCA) est créé à Rochefort le 30 janvier 1871. Il reçoit son baptême de feu en Algérie en 1871-1872, puis occupe diverses casernes des Pyrénées orientales. De 1881 à 1887, il prend part à la conquête de la Tunisie, qui devient un protectorat français. En 1887, il quitte la terre d'Afrique pour tenir garnison à Menton, afin de monter la garde à la frontière des Alpes. Par la loi du 24 décembre 1888, il est

---

[4] Cité par Pierre Miquel, *La Grande Guerre au jour le jour*, éditions Fayard-Pluriel 2010.

l'un des douze bataillons de chasseurs à pied à devenir bataillon de chasseurs alpins (BCA), nommés jusqu'en 1916 bataillons alpins de chasseurs à pied (BACP). Il se compose à l'époque d'Ardéchois, de Provençaux et de Pyrénéens, qui rivalisent d'énergie, d'endurance et de discipline. Comme l'écrit le maréchal Lyautey : « L'esprit chasseur militaire ? C'est d'abord l'esprit d'équipe. La rapidité dans l'exercice de gens qui « pigent » et qui « galopent ». C'est l'allant, c'est l'allure, c'est le chic, c'est servir avec le sourire, la discipline qui vient du cœur, c'est le dévouement absolu qui sait aller, lorsqu'il le faut, jusqu'au sacrifice total. »[5]

Lors de la mobilisation de l'été 1914, le 27e BACP (bataillon alpin de chasseurs à pied) participe à des manœuvres dans la région de Saint-Martin-Vésubie. Il regagne aussitôt Menton, Breil et Sospel pour renforcer ses effectifs avec les nouveaux mobilisés. Le 10 août, sous les ordres du commandant Renié, le 27e BACP s'embarque en train vers la frontière de l'Est. Le 19 août, il lutte à Dieuze, en Lorraine, au sein de la 29e division d'infanterie, sous les

---

[5] Archives militaires françaises, Vincennes.

tirs de l'artillerie lourde allemande. Il repousse plusieurs assauts de l'ennemi, couvrant la retraite de plusieurs bataillons, puis participe aux combats de Mortagne, aux abords de Lunéville. Du 31 août au 4 septembre, il collabore à la conquête des positions allemandes de Lamath et de Xermaménil, puis tient les lignes défensives dans la forêt de Vitrimont. Le 12 septembre 1914, il fait son entrée triomphale dans Lunéville et prend position dans la forêt de Paroy, harcelant sans cesse l'ennemi par d'audacieuses reconnaissances.

La menace allemande par la Belgique contraint l'armée française à renforcer le front des Flandres. De novembre à décembre 1914, le 27e BACP tient les tranchées à Ypres, Boesinghe, Poperinghe, Langemark, repoussant toutes les attaques de l'assaillant. Les chasseurs, enfoncés dans l'eau et la boue jusqu'au ventre, contribuent à sauver les ports de la Manche et de la Mer du Nord. Le 27 décembre 1914, le 27e BACP, envoyé au nord d'Arras, attaque le village de Carency et y laisse 500 hommes sur le champ de bataille !

Arrivé sur le front des Vosges et de l'Alsace le 8 janvier 1915, le 27e BACP, désormais intégré à la 66e division d'infanterie, cantonne à Vendron et se renforce rapidement sous les ordres du commandant Stirn. Il participe alors aux terribles combats du Hartmannswillerkopf (Viel-Armand). La guerre de position sur le front des Vosges et de l'Alsace revêt un caractère particulier par son relief montagneux, exigeant dans les deux camps un effort surhumain pour tenir ou conquérir des positions élevées, soumises aux pires conditions climatiques. Le sommet du Hohneck culmine à 1361 mètres d'altitude, celui du ballon de Guebwiller à 1423 mètres.

Le Vieil-Armand, Hartmannswillerkopf pour les Allemands, est un contrefort des Vosges de 956 mètres d'altitude, qui tombe à pentes escarpées sur la plaine d'Alsace, presque en face de Mulhouse. Sorte de presqu'île terminale, détachée de la chaîne à l'est de la vallée de la Thur, il n'est relié au ballon de Guebwiller que par le Molkenrain (1125 mètres d'altitude). À ses pieds, l'Alsace s'étale à perte de vue.

Le 20 janvier 1915, le 27e BACP, alerté en pleine nuit, accomplit une marche extrêmement pénible, par la route glacée du col d'Odern et le sentier de Weiller, jusqu'au Viel-Armand, où un peloton du 28e BCA vient d'être encerclé par l'ennemi :

« Les clairons sonnent immédiatement la charge et

le bataillon se porte à l'attaque afin de délivrer les camarades du 28e BCA, raconte l'historique du 27e bataillon alpin de chasseurs à pied (BACP). Malheureusement l'ennemi a déjà exécuté de solides tranchées et placé un épais rideau de fils de fer. Une couche de neige d'environ un mètre augmente encore la difficulté de la marche et, malgré le plus bel héroïsme et les durs sacrifices, le 27e BACP doit s'arrêter sur le réseau ennemi sans avoir pu délivrer les chasseurs du 28e. »[6]

Le 22 mars 1915, à l'aube, les 152e RI (régiment d'infanterie), 7e BCA et 27e BACP reçoivent l'ordre d'attaquer. Le 25, après un violent bombardement, les fantassins français bondissent, la baïonnette haute, à l'assaut de la forteresse du Viel-Armand. À travers les réseaux de barbelés à demi détruits, des tranchées effondrées, l'enchevêtrement des sapins abattus, ils pénètrent de tous côtés dans la position ennemie, dépassent la première et la deuxième tranchée. Mais il faut s'arrêter là : à droite et gauche, sur les pentes, les bataillons d'assaut se trouvent devant des tranchées insoupçonnées où

---

[6] Historique du 27e bataillon alpin de chasseurs à pied pendant la guerre 1914-1918, imprimerie Berger-Levrault s.d.

l'artillerie n'a pu leur frayer un passage. Les compagnies, réduites à une poignée d'hommes, dont un sergent reste parfois le seul gradé, se cramponnent au terrain. Le sommet n'a pu être atteint. Pourtant la position ennemie se trouve en partie disloquée. Quatre contre-attaques allemandes tentent en vain de reprendre les tranchées conquises par les Français.

Le 26 mars 1915, sous la neige, les Français reprennent l'attaque. La préparation d'artillerie est puissante. Au moment où le sommet disparaît dans la fumée et la flamme des éclatements, les vagues d'assaut, accompagnant les dernières rafales des canons de 75 mm, sautent hors des tranchées, déferlent jusqu'au rocher culminant qu'elles submergent.

Le massif du Viel-Armand (Hartmannswillerkopf) avec ses contreforts est presque entièrement aux mains des Français, qui ont à leurs pieds la « terre promise ». Par-delà les barbelés, par-delà l'horreur des espaces ravagés, les guetteurs voient la belle et riche Alsace ; la nuit, ils voient scintiller les lumières de Mulhouse et de Bâle. Le 6 avril 1915, le 27e BACP complète les succès précédents. Il s'élance à l'assaut et enlève le dernier éperon et les derniers rochers où l'ennemi s'accroche désespérément. Il descend sur la pente vers le village de l'Hartmannswiller, nettoie les abris et atteint la cote 740. L'ennemi est battu. L'Hartmannswillerkopf (Viel-Armand) est entièrement aux mains des Français. Le 19 avril, après un bombardement extrêmement violent, les Allemands contre-attaquent avec fougue. Le 27e BACP repousse tous les assauts avec succès. C'est un échec complet pour les Allemands. Le 24 avril, le 152e RI (régiment d'infanterie) relève le 27e BACP qui part cantonner à Saint-Amarin. Le bataillon a la grande joie d'obtenir alors sa première citation à l'ordre de l'armée :

« Le 152e RI, commandé par le colonel Jacquemot, et les 7e, 12e, 27e et 53e BCA et BACP ont rivalisé d'énergie et de courage sous la direction du lieutenant-colonel Tabouis, commandant la 1ère brigade de chasseurs, pour se rendre maîtres, après plusieurs semaines de lutte pied à pied et une série d'assauts à la baïonnette, de tous les retranchements accumulés par l'ennemi sur la position de l'Hartmannswillerkopf. »[7]

Cependant, l'armée allemande ne peut s'avouer

---

[7] Archives militaires françaises, Vincennes.

vaincue. Rejetée des pentes, elle les surveille âprement et, le 25 avril 1915, lorsque le calme est revenu sur la montagne sanglante, elle tente un grand coup pour la reconquérir. Un bombardement foudroyant éclate à midi. Les plus gros calibres des artilleries allemandes et autrichiennes (canons de 210 mm, 250 mm et jusqu'aux 305 mm) concentrent leurs tirs sur le Vieil-Armand. Couchés sur le sol qui tremble, les Français attendent stoïquement la fin de la tempête d'acier : détachés du sommet de la montagne, des blocs de rochers roulent en avalanche et broient tout sur leur passage ; les tranchées de pierres sèches, accrochées au flanc du Vieil-Armand comme des balcons, volent en éclats. Pourtant, les soldats français tiennent toujours. Entourés de morts et de blessés, épuisés, haletants, couverts de terre et de sang, quatre fois ils repoussent les assauts de l'ennemi. Six bataillons d'élite de l'armée allemande essaient vainement jusqu'à la fin de l'après-midi de prendre pied sur le Vieil-Armand.

Les pentes du Vieil-Armand vers l'Alsace se divisent en deux contreforts, que le troupier appelle deux Cuisses. Chacune est défendue par un bataillon, le troisième bataillon, au milieu, tient l'Entre-Cuisses. Vers 18 heures, après six heures de bombardement et cinq tentatives d'assaut, les Allemands prennent pied sur les deux contreforts et, à l'abri de ces pentes, s'avancent vers le sommet. Bientôt leurs deux colonnes atteignent les crêtes et se réunissent près de la cote 956, cernant ainsi les défenseurs de l'Entre-Cuisses, qui tiennent toujours. Attaquée de tous côtés par l'ennemi qui la domine, sans cartouches et sans vivres, n'ayant plus que ses baïonnettes pour se défendre, cette poignée d'hommes tombe aux mains des Allemands. Quelques-uns seulement parviennent à s'échapper, tel le soldat Chassard qui, venu en première ligne à travers les bombardements pour apporter à manger à ses camarades, tombe au milieu des Allemands, saisit un fusil, abat ceux qui l'approchent et se fraie un passage à travers les assaillants décontenancés. Appelées en toute hâte, les dernières réserves du 152e RI se jettent à corps perdu dans la fournaise et, aidées de deux bataillons de chasseurs, se maintiennent autour du sommet.

Pendant de longs mois, la lutte se poursuit : française un jour, allemande le lendemain, la crête du Viel-Armand n'est la plupart du temps à personne. Aucun des deux adversaires n'a encore réussi à s'y organiser solidement ; aucun, surtout, n'est parvenu à la dépasser d'une manière définitive. Du 27 mai au 21 juin 1915, le 27e BACP participe à l'offensive menée par la 66e DI (division d'infanterie) sur la cote 955. Il entre victorieusement à

Metzeral le 18 juin.

Intégré au 27e BACP, le soldat Albert Roche rejoint le front le 3 juillet 1915. Il va rapidement se distinguer par son incroyable bravoure. Le 16 juillet, le 27e BACP est relevé au Reichakerkopf par le 24e BCA. Le 29 juillet, il est appelé à prendre part aux opérations du Linge et du Stratzmaennelle. Le 4 août, la 2e compagnie exécute une contre-attaque sur le col du Linge et rétablit la situation un instant compromise. Le 7, le bataillon repousse une furieuse attaque allemande et supporte de violents bombardements. Le 18, il enlève brillamment toutes les crêtes si chèrement disputées du Linge et du Schartz, les dépasse et jusqu'au 22 assure la défense de la zone conquise, malgré de nombreuses contre-attaques allemandes, toutes repoussées. Dans la nuit du 20 au 21 août 1915, le 27e BACP est relevé par le 12e BCA. Il est resté en première ligne durant 26 jours. Albert Roche s'est déjà distingué par sa bravoure.

Du 24 août au 8 septembre 1915, le 27e BACP se reforme à Wildenstein. Du 9 septembre au 7 décembre, il tient successivement les secteurs de Sondernach et de Metzeral.

Pour sa conduite héroïque au front, Albert Roche est promu soldat de 1ère classe le 15 octobre 1915. Il fait la guerre à sa manière. Toujours volontaire pour les reconnaissances et les patrouilles, il porte également de précieux messages aux diverses sections et compagnies de son bataillon, se révélant non seulement un excellent combattant, mais également un remarquable agent de liaison. Il participe à de nombreux assauts à la baïonnette, fait des moissons de prisonniers. Ses supérieurs multiplient les éloges à son sujet.

La guerre dans les Vosges et en Alsace est épuisante sur un front composé de solides montagnes, séparées par des vallées qui s'ouvrent parfois entre des murs à pic, sans routes faciles, où la bourrasque éclate souvent à l'improviste. Presque partout, les combattants français se trouvent dans des conditions défavorables à l'offensive. D'une part, ils doivent escalader des positions escarpées, en passant par des routes encaissées sous la vue de l'artillerie ennemie. D'autre part, ils doivent attaquer des collines, aboutissant à des élévations toujours plus hautes, hérissées d'embûches et faciles à défendre, où l'explosion d'un obus est centuplée quant à sa force par les éclats de pierres brisées. Les Allemands peuvent facilement ravitailler les sommets grâce à une ligne ferroviaire proche. Ils doivent cependant hisser le matériel dans des conditions périlleuses. Les Français, souffrant d'un réseau ferroviaire et routier inexistant ou insuffisant dans ce secteur du front, sont handicapés. Ils accomplissent cependant de véritables exploits pour ravitailler leurs positions, en utilisant de nombreux mulets, capables de gravir les pentes les plus raides.

Le commandement allemand affirme avec assurance : « Nous devons défendre un terrain qui est fortifié par la nature. Une ligne de hauteurs d'où l'on peut tirer comme d'une maison de dix étages. Pensez aux montagnes qui sont toutes notre force. Quand les Français commencèrent leurs attaques, nos défenses avaient déjà de nombreuses épaisseurs de barbelés, disposées en certains points sur cinq rangs successifs. Nos tranchées étaient construites presque entièrement en pierre et en béton de façon à pouvoir abriter les soldats qui combattaient parfois assis. Rien ne fut négligé pour créer des obstacles à l'adversaire. Nos mitrailleuses étaient nombreuses et notre artillerie puissante. »[8]

On assiste à une véritable guerre d'alpinistes se déroulant parfois à plus de mille mètres d'altitude, où de

---

[8] Archives militaires allemandes, Fribourg-en-Brisgau.

part et d'autre on rivalise d'héroïsme par des actions périlleuses et incroyables. Cette guerre nécessite dans les deux camps un effort surhumain pour triompher des difficultés climatiques et topographiques, établir des positions élevées, les ravitailler par des galeries creusées dans la glace ou la neige, par des sentiers escarpés et des téléphériques, les disputer par des assauts acrobatiques.

Le froid est terrible en hiver (parfois –15° et plus) et la chaleur accablante en été (parfois 30°). Un combattant raconte : « Nous avons abandonné nos abris et leur chaleur précaire et nous avons marché dans la neige, une neige glacée, hérissée de lances. Lorsque le vent soufflait, une grêle d'aiguilles nous déchirait la peau du visage. Nous nous rassemblions autour des poêles ; nous nous regroupions dans un même abri. Épaule contre épaule, nous attendions. Puis il fallait sortir à nouveau, la respiration gelait. Elle formait sur la barbe des grumeaux blancs, comme de grosses dents. Le vin gelait. Le corps gelait et le sang sous la peau paraissait couler glacé. Blessures, les chairs tendues, blanches, comme une plaque gercée ; peau qui restait collée à l'acier des armes, laissant les doigts et les paumes dépouillés, à vif, peau comme un gant arraché. Les jambes devenues pierres, les doigts qui se fragmentaient, restant dans les chaussures comme des morceaux de matières. Nous sortions pour quelques minutes. Le temps d'un tour de garde. Long comme une agonie. »[9]

Le 7 décembre 1915, le 27e BACP cantonne à Thann, pendant que deux compagnies restent au camps de Dames, afin de préparer les opérations futures prévues dans le secteur de l'Hirtzstein. Albert Roche se distingue de nouveau par son intense activité dans les préparatifs, participe aux patrouilles de reconnaissance, à des embuscades où des soldats allemands sont tués ou capturés. Son capitaine veut envoyer quinze volontaires pour détruire un nid de mitrailleuses. « Laissez-moi partir avec deux compagnons, propose Albert Roche. J'en fais mon affaire. »[10] Son capitaine, d'abord sceptique, accepte finalement : Roche semble si déterminé. En pointe du dispositif, ses deux amis plus en arrière, il rampe un long moment au milieu d'un terrain dévasté par l'artillerie. Coiffé du casque d'acier Adrian modèle 1915, équipant depuis septembre l'armée française, Roche progresse en

---

[9] Archives militaires françaises, Vincennes.

[10] Cité par Pierre Miquel, op.cit.

direction de la position ennemie, un véritable fortin hérissé de mitrailleuses. Pendant que les Allemands se réchauffent à l'intérieur, il laisse tombe une poignée de grenades dans le tuyau de poêle qui émerge de l'extérieur. Plusieurs Allemands sont tués sur le coup, tandis que les survivants se rendent, croyant être attaqués par un bataillon français. Roche ramène cinq mitrailleuses et une dizaine de prisonniers. Son capitaine le traite avec respect, voir admiration.

Le 18 décembre 1915, le bataillon d'Albert Roche (27e BACP) prend intégralement position dans le secteur de l'Hirtzstein, contrefort du Vieil-Armand, que le commandement français a décidé d'enlever à l'ennemi. Le froid est terrible, la neige épaisse, mais il en faut plus pour décourager les chasseurs alpins et à pied de la glorieuse armée française. Après quelques jours complémentaires d'aménagement du terrain, le 27e BACP, en liaison avec les 15e et 28e BCA à gauche et à droite, se lance, le 21 décembre, à l'assaut de cet éperon et de ses rochers : « Le 27e BACP, raconte l'historique du bataillon, n'a pas la part belle, car la nature du terrain ne se prête guère à une préparation d'artillerie efficace. Dès la sortie des parallèles de départ, nos vagues d'assaut sont accueillies par une fusillade intense. Cependant certains de nos éléments se faufilent à travers les rochers, engagent une lutte très vive à la grenade. Après deux jours successifs de meurtriers combats, le bataillon a rejeté l'ennemi et nettoyé tous les abris. Les objectifs sont atteints. L'ennemi prononce de violentes contre-attaques, mais aucune d'elles ne parvient à nous déloger du terrain que nous avons conquis au prix de lourdes pertes. »[11]

Albert Roche, en tête du dispositif, lutte avec une bravoure extraordinaire, détruit plusieurs positions ennemies à la grenade, capture de nombreux soldats allemands. Il rampe, se redresse, lance ses grenades, tir au fusil avec une grande précision. C'est un tireur d'élite.

À la suite de ces durs combats, le 27e bataillon alpin de chasseurs à pied (BACP) obtient une nouvelles citation à l'ordre de l'armée : « Sous les ordres du commandant Stirn, s'est emparé, après deux jours et une nuit de combats, d'une position très fortement défendue et s'y est maintenu, malgré les bombardements intenses et de très violentes

---

[11] Historique du 27e bataillon alpin de chasseurs à pied pendant la guerre 1914-1918, imprimerie Berger-Levrault s.d.

contre-attaques. »[12]

Le 27e BACP, relevé de ses positions, part se reformer à Bitschwiller. Durant la bataille de l'Hirtzstein, le 152e RI, régiment frère du 27e BACP, car également rattaché à la 66e division d'infanterie, reçoit la mission non seulement de prendre le sommet du Vieil-Armand, mais encore de s'emparer des organisations ennemies de la Cuisse droite et de la Cuisse gauche, et de s'établir au-delà, sur les dernières pentes du massif. C'est le 21 décembre, à 14 h 15, qu'il s'élance à l'assaut sous les ordres du colonel Semaire. À gauche, le 2e bataillon attaque l'éperon nord ; à droite, le 1er bataillon attaque l'éperon sud. Accolés au départ, les deux bataillons doivent immédiatement s'écarter pour permettre au 3e bataillon de s'intercaler entre eux et d'attaquer à leur hauteur. La forme du terrain rend ce dispositif obligatoire : le front de départ, en effet, ne dépasse pas 300 mètres, alors que l'objectif final mesure 1800 mètres de largeur. Décimées, rompues, les vagues d'assaut progressent quand même. Tous ses chefs tombés, le caporal Berquand, de la 9e compagnie, entraîne ses

---

[12] Archives militaires françaises, Vincennes.

camarades et trouve une mort héroïque devant la seconde tranchée allemande. Mais en avant du sommet, un promontoire rocheux, le Rehfelsen, brise un instant le flot des assaillants. Patiemment creusée par les Allemands et garnie de mitrailleuses, cette forteresse rocheuse a résisté au bombardement et balaie de ses feux le champs de bataille. Autour d'elle les assaillants français refluent, s'arrêtent, et c'est tout à coup le désert. Mais une poignée de braves a gagné en rampant le rocher. L'un deux, le sous-lieutenant Kemlin, cramponné près d'un créneau de la forteresse, y jette des grenades que ses hommes lui font passer. Détruites dans leur tanière, les mitrailleuses allemandes se taisent brusquement. Aussitôt l'attaque reprend. Les fantassins français ne font que passer en courant sur le sommet reconquis et s'élancent le long des pentes en talonnant devant eux l'ennemi en déroute : tout le champs de bataille du 25 avril est repris d'un seul élan. Le 152e RI dépasse même ses anciennes tranchées et porte la ligne bien au-delà des pentes ravagées par les derniers bombardements : 1400 prisonniers allemands sont envoyés à l'arrière. Le 152e RI a perdu 22 officiers et 400 hommes. L'artillerie française a joué un rôle important par la puissance de ses canons : 1 batterie de 370 mm, 3 batteries de 240 mm, 3 batteries de 220 mm, 7 batteries de 155 mm,

1 batterie de 120 mm, 7 batteries de 155 mm, 6 batteries de 75 mm, 4 batteries de 65 mm, 2 batteries de 58 mm. Soit un total de plus de 300 pièces d'artillerie et de mortiers qui ont déversé 25 000 obus durant plus de cinq heures sur les positions allemandes.[13]

Durant toute la nuit, autour du Vieil-Armand où les Français exténués tentent de se reposer, l'armée allemande concentre une grosse artillerie, masse tous les bataillons d'élites des 29e et 82e brigades d'infanterie. Au matin du 22 décembre 1915, la contre-attaque allemande se déchaîne. Le 152e RI, déployé sur une longue ligne mince que l'ennemi déborde et perce, accroché sur des pentes abruptes, lutte désespérément toute la matinée et oppose ses seules forces épuisées par les combats de la veille, à la ruée des troupes fraîches que l'ennemi jette sans répit par bataillons entiers. Le 152e RI, réduit à trois bataillons décimés, se trouve en grande partie encerclé par 10 bataillons allemands. Les renforts français, appelés en hâte,

---

[13] *L'Alsace et les combats des Vosges 1914-1918*, guide illustré Michelin 1920. Général de Pouydraguin, *La bataille des Hautes-Vosges*, éditions Payot 1937. Thierry Ehret, *1914-1918, autour du Hartmannswillerkopf*, éditions du Rhin 1988. Max Schiavon, *Les combats héroïques du capitaine Manhès, carnets inédits d'un chasseur alpin (1915-1916)*, éditions Pierre de Taillac 2015.

sont trop loin.

Au bout de huit heures de corps à corps, cernés au fond des ravins, ou traqués à travers les rochers, les derniers Français sont faits prisonniers. Pour la seconde fois, l'armée allemande prend pied sur le sommet du Vieil-Armand. Le colonel français Semaire, commandant du 152e RI, reçoit en renfort deux compagnies du 23e RI. Au même moment, les premiers fantassins allemands surgissent à travers le brouillard et la fumée des éclatements, et pénètrent sur tout le front dans les anciennes tranchées françaises. Cyclistes, téléphonistes et territoriaux français se trouvent autour du PC (poste de commandement) pour le défendre. L'officier téléphoniste, le lieutenant Marcadier, un vieux territorial, prend le commandement de ces quelques hommes. Il a saisi un fusil et se tient debout sur le parapet. Une balle le jette à terre, mais son sacrifice a exalté ses hommes. Les colonnes allemandes, décontenancées par la contre-attaque des survivants du 152e RI et les renforts de deux compagnie du 23e RI, s'arrêtent, refluent devant l'intrépidité des soldats français, si bien qu'une partie du sommet du Vieil-Armand reste malgré tout entre les mains des troupes françaises. Le 152e RI a presque cessé d'exister en tant qu'unité combattante avec 1950 soldats et 48 officiers hors de combat, après les deux journées des 21 et 22 décembre

1915.

Du 23 au 28 décembre 1915, les combats se poursuivent avec une violence extrême. Le sommet du Vieil-Armand change de main à plusieurs reprises. Le général français Serret, commandant de la 66e DI, est blessé le 28 décembre 1915 et meurt quelques jours après. Le général Nollet lui succède. Les deux adversaires retrouvent leurs positions d'avant la bataille du 21 décembre. Jusqu'à la fin de la guerre, les soldats français et allemands resteront en présence sur le sommet, les tranchées parfois distantes seulement de 20 mètres. Les pertes militaires sont lourdes dans les deux camps, avec 65 000 soldats français et 65 000 soldats allemands tués ou blessés (15 000 morts et 50 000 blessés dans chaque camp).

Mon arrière-grand-père paternel, Gaston Lormier (1885-1959) a combattu avec bravoure au Vieil-Armand au sein des chasseurs à pied, corps d'élite de l'armée française. Victime d'une gelure grave, après avoir passé une nuit glaciale, une jambe en-dehors d'un abri surpeuplé, il est soigné dans un hôpital à l'arrière, où il prend connaissance de la fin de la guerre. Il retourne ensuite chez lui avec une jambe raide, qu'il faudra lui amputer bien des années après.

De son côté, Albert Roche, peut enfin se reposer à

Bitschwiller, après avoir lutté avec une fougue extraordinaire dans le secteur de l'Hitzstein, tout près du Viel-Armand. Il est déjà considéré comme un authentique héros au sein de tout son bataillon. Toujours volontaire pour les missions les plus périlleuses, il se révèle un excellent camarade à l'arrière du front, joyeux et farceur, remontant le moral de ses compagnons.

II

1916

Au début de l'année 1916, le 27e bataillon alpin de chasseurs à pied (BACP) prend le nom de 27e bataillon de chasseurs alpins (BCA). De janvier à mars 1916, les bataillons français organisent défensivement les positions conquises en 1915 sur le front des Vosges et de l'Alsace. Ils s'emparent également de postes allemands avancés et de positions plus importantes. Albert Roche accomplit des patrouilles audacieuses, participe à des assauts acrobatiques. Le 12 février 1916, il est cité à l'ordre de la division : « Faisant partie de l'équipe de grenadiers de son unité, il a sous un feu violent réussi à traverser un réseau de fil de fer incomplètement détruit, s'est élancé ensuite à l'assaut des positions ennemies et a contribué pour une large part à la prise de ces positions. »[14]

Une autre fois, avec son peloton, Albert Roche rampe jusqu'à une solide position allemande. Puis, se faufilant à travers une ouverture dans les barbelés ennemis, profonde d'une trentaine de mètres, il prend d'assaut quatre fortins, repousse une contre-attaque et reprend une des positions dont il a été délogé. Avec une dizaine d'hommes, il a tenu tête à une compagnie ennemie (120 hommes). Cette action d'éclat démontre son aptitude à exploiter une situation, sans égard pour les risques qu'il prend. A la tête de petits détachements d'assaut, il sème la panique dans les lignes allemandes. Dans la boue et la neige, sous les violents tirs d'artillerie, il trouve dans l'action la capacité de dépasser l'horreur par sa propre philosophie de l'héroïsme. Sur ce front montagneux, il dévoile des qualités extrêmes de courage, d'endurance et de résistance. Il combat sur les pentes les plus raides, accessibles à des montagnards chevronnés. Que ce soit dans un brouillard glacial ou la neige épaisse, il poursuit sa progression. Il a un sens extraordinaire pour évaluer et exploiter au mieux la

---

[14] Archives militaires françaises, Vincennes. Archives de la famille d'Albert Roche, déposées à la mairie de Réauville.

topographie d'un secteur. Il n'hésite jamais à se lancer le premier à l'assaut d'une tranchée ennemie, afin de surprendre l'adversaire. Il prétend à juste titre que celui qui tire le premier a toutes les chances de l'emporter. Pour s'emparer d'un poste ennemi, il reste parfois allongé dans la neige jusqu'à dix heures du soir, à quelques pas seulement des sentinelles allemandes.

Le 27e BCA passe sous le commandement du commandant Demain. Après un mois de repos à Saint-Amarin, le bataillon monte en ligne dans le secteur du Sudel, toujours sur le front montagneux des Vosges et de l'Alsace. Il y reste jusqu'au 23 juillet 1916, exécutant chaque jour de périlleux coups de main. Albert Roche se distingue à nouveau. Un jour, il se retrouve être l'unique survivant de sa tranchée, après un déluge d'obus de l'artillerie allemande. Tous ses camarades de section sont morts. Une compagnie ennemie attaque la position française. Roche conserve son sang-froid, positionne en batterie, au bord de la tranchée, tous les fusils Lebel des poilus morts avec lesquels il tire alternativement, faisant croire ainsi à l'assaillant à la résistance d'une troupe nombreuse. Il lance également de nombreuses grenades, met ainsi en déroute l'attaque allemande et capture de nombreux soldats ennemis, découragés et en majorité blessés ! C'est un véritable exploit, salué en personne par le commandant Demain, son chef de bataillon : « Le chasseur alpin Albert Roche est un combattant d'élite, capable de mettre en déroute une compagnie ennemie, forte de 120 hommes. Je ne connais pas de soldat allié ou allemand capable de rivaliser avec cet homme hors du commun. Son courage et son audace, son sens du sacrifice et sa maîtrise de soi sont un exemple pour tout le bataillon. »[15]

Le 27e BCA, possesseur de deux citations à l'ordre de l'armée, se voit attribuer la fourragère aux couleurs de la croix de guerre. Le 1er août 1916, Albert Roche est cité à l'ordre du bataillon : « A demandé à faire partie d'un groupe d'attaque pour suivre son lieutenant. »[16]

Régulièrement volontaire pour les opérations commandos et de reconnaissance, Albert Roches est un jour capturé avec son lieutenant. Dans un abri lors de l'interrogatoire, il parvient à s'emparer du pistolet de l'officier qui l'interroge et tient également en respect les

---

[15] Archives militaires françaises, Vincennes.

[16] Archives militaires françaises, Vincennes. Archives de la famille d'Albert Roche, déposées à la mairie de Réauville.

douze autres gardiens présents. Puis il ramène dans la tranchée française, avec son lieutenant libéré, 42 prisonniers allemands et plusieurs mitrailleuses !

La Somme va être le nouveau secteur de front du 27e BCA. Il s'agit notamment de soulager le front de Verdun. En effet, depuis le 21 février 1916, l'armée française oppose une résistance acharnée à l'offensive allemande dans ce secteur.

Au début de l'année 1916, le commandement allemand décide de passer à l'offensive en France, car la stratégie défensive de l'année 1915 a montré ses limites. Victime du blocus naval des Alliés et de la lutte stérile sur deux fronts, l'armée allemande doit à tout prix obtenir un succès décisif sur le front français. Si les Alliés subissent de très lourdes pertes en 1915 en multipliant des offensives suicidaires, l'Allemagne ne peut cependant obtenir la décision en restant sur un plan purement défensif. Le blocus allié désorganise l'économie allemande, c'est ainsi que des émeutes, contre la faim et les restrictions alimentaires, éclatent sur le territoire du Reich. Il devient de plus en plus urgent de battre l'armée française, l'adversaire principal de l'Allemagne. La Grande-Bretagne et la Russie seront alors contraintes de capituler. Après bien des hésitations, le général von Falkenhayn décide de frapper à Verdun, la place forte française la moins éloignée de la frontière allemande. Il s'agit d'enfoncer le front français à cet endroit, afin de contraindre le gouvernement français à demander un armistice.

La région dans laquelle va se dérouler la bataille est traversée du sud au nord par la Meuse. Le fleuve serpente une large vallées souvent marécageuse. Sur la rive est, la Meuse est dominée par les collines de Woëvre. D'un relief tourmenté, couvert de forêts, coupé de nombreux ravins qui compartimentent le terrain, le secteur offre une grande facilité à la manœuvre par infiltration. Les côtes du Talou, du Poivre, de Froideterre et de Saint-Michel-Belleville sont des remparts naturels.

Les forts de Douaumont et de Vaux dominent le champ de bataille par leurs imposantes silhouettes au nord et à l'est de Verdun. Construits en 1885, ils font l'objet de constants perfectionnements jusqu'en 1913, tant par le renforcement de leur protection contre les obus brisants, par l'emploi d'un béton de haute qualité, que par l'accroissement de leur puissance de feu. Les collines entourant Verdun atteignent 300 à 400 mètres de hauteur. L'ensemble du terrain au sol crayeux, recouvert d'une couche d'argile, devient boueux aux moindres pluies. La circulation est alors difficile en dehors des routes et le déluge d'obus la rendra en tous lieux terriblement éprouvantes.

Jusqu'en 1915, l'ensemble fortifié de Verdun représente un puissant système défensif, capable de repousser toutes les offensives allemandes. Or, moins de trois mois avant l'offensive sur Verdun, le commandement français retire des forts 43 batteries lourdes d'artillerie, avec 128 000 obus, ainsi que 11 batteries moyennes et de nombreux équipages. Les ouvrages perdent leur armement de casemates de Bourges (canons de 75 mm), leur équipement des coffres de fossés en mitrailleuses et canons de petits calibres, leurs munitions, presque toutes leurs garnisons. Le service des tourelles n'est plus assuré et l'on envisage même la destruction des ouvrages modernes ! Ainsi, à la veille de l'offensive allemande, le secteur de Verdun est uniquement tenu par les troupes de campagne, dépourvues de l'armement principal pour tenir les forts. Le commandement français, animé par un esprit offensif, estime que les forts sont dépassés du fait de la puissance destructrice de l'artillerie moderne.

Contrairement à ce qui est souvent écrit, le but du

commandement allemand n'est pas d'entraîner l'armée française dans une bataille d'usure, mais de conquérir Verdun par une offensive soudaine et brusquée. Il s'agit donc d'une attaque frontale en force de Brabant à Ornes par trois corps d'armée, que complètera au moment favorable une action en crochet à gauche de deux corps d'armée partant de la Woëvre, entre Ornes et Étain. Faute de moyens suffisants pour alimenter la bataille de Verdun, à la fois sur les deux rives de la Meuse, l'attaque s'engagera seulement sur la rive droite, en s'appuyant sur les Hauts de Meuse, droit au sud.

Dès la mi-janvier 1916, le rassemblement d'une puissante aviation (250 appareils), la mise en place de l'artillerie lourde (650 pièces de 150 mm à 420 mm) débutent dans le secret que favorisent les couverts naturels de la région. Le camouflage des batteries est minutieux. De profonds abris spacieux à plusieurs étages sont aménagés le long des bases de départ pour les troupes d'assaut. À compter du 1er février 1916, sur les voies ferrées de l'arrière, circulent les trains à cadence accélérée, amenant troupes, munitions et matériel.

Le soldat allemand est coiffé du nouveau casque d'acier modèle 1916, d'une exceptionnelle qualité protectrice, couvrant la tête, la nuque et une partie du visage avec sa visière. Admirablement étudié, il innove par sa conception rationnelle, confiée à un chercheur de l'Institut technique de Hanovre, Friedrich Schwerd. Ce casque peut être renforcé à l'avant par une plaque frontale, vite abandonnée car trop lourde. De cette plaque ne subsistent que les deux pitons de fixation sur les côtés, qui sont également des trous d'aération. La coiffe intérieure en cuir rembourré s'adapte parfaitement au crâne et renforce la protection du soldat. Ce casque, à la conception révolutionnaire, a fortement inspiré le modèle américain des années 1980, dont la forme idéale protectrice est confirmée sur un ordinateur, en croisant les données anatomiques, ergonomiques et anthropométriques. Il est aujourd'hui la référence de presque toutes les armées du monde, notamment des armées françaises et allemandes. En hommage au concepteur allemand des origines, l'armée américaine l'a surnommé casque « Fritz ».

Malgré les nombreux indices d'une puissante offensive allemande dans le secteur de Verdun, rapportés par diverses reconnaissances aériennes, ainsi que par les observations des troupes en première ligne, le général Joffre reste sceptique. Le général de Castelnau manifeste cependant son inquiétude et ordonne de renforcer les positions défensives. Le 10 février 1916, à la suite des déclarations précises de déserteurs allemands qui donnent le jour et l'heure de l'attaque, sans omettre de préciser les lieux menacés, le général Joffre fait acheminer sur place les premiers renforts. Les effets de cette reprise en mains sont cependant bien tardifs dans l'immédiat. On alerte les troupes qui doivent suivre et, dans le Nord, les Britanniques qui viennent de créer une 4e armée, aux ordres du général Rawlinson, se préparent à relever la 10e armée française sur le front d'Artois.

Le 21 février 1916, la 5e armée allemande, commandée par le Kronprinz impérial (Guillaume de Hohenzollern), fils de Guillaume II, se lance à l'assaut de Verdun, avec 10 divisions, appuyées par 1257 pièces d'artillerie. Dix autres divisions allemandes sont maintenues en réserve. Le choc est soutenu par 36 bataillons français contre 72 bataillons allemands : 30 000 soldats français contre 150 000 soldats allemands. L'armée française ne peut opposer que 3 divisions et 281 canons dans ce secteur.

Le 21 février, le jour se lève par un beau temps froid et sec, sur une campagne couverte de givre. À 7 heures 15, un véritable déluge de feu, sans précédent depuis le début du conflit, s'abat sur les tranchées françaises, sur un front d'environ 30 kilomètres. Perçu jusqu'à 150 kilomètres par Albert Roche dans les Vosges, le bombardement allemand se prolonge dans toute la profondeur du camp retranché de Verdun, battant les communications, les forts, les ponts de la Meuse, la ville elle-même.

« C'est un effroyable pilonnage de tous calibres, allant du 77 mm au 420 mm, écrit un témoin oculaire, dont la cadence ne fait que croître, pour atteindre une furieuse intensité vers 10 heures. À 16 h 30, les tirs s'allongent et l'infanterie allemande aborde au pas, par petits groupes, l'arme à la bretelle, la défense française bouleversée : l'artillerie conquiert, l'infanterie occupe. Formule nouvelle, mais qui aura encore besoin d'être approfondie, car, malgré les effets destructeurs de cette débauche d'artillerie lourde, le fantassin allemand voit surgir devant lui des sortes de fantômes ressuscités de l'enfer, éparpillés dans le chaos des trous d'obus, qui les reçoivent à coups de fusils, de grenades et parfois de mitrailleuses. »[17]

Le secteur du bois des Caures, défendu par le

---

[17] Archives militaires françaises, Vincennes.

colonel Driant et ses 56e et 57e bataillons de chasseurs à pied, devient l'objet d'une lutte terrible, où les soldats français luttent comme des lions, malgré l'écrasante supériorité numérique et matérielle de l'adversaire : les deux bataillons français comptent en seulement quelques heures 1120 tués et 210 rescapés !

Le 22 février, l'offensive allemande prend toute son ampleur. Les soldats français, qui survivent par miracle au milieu des cratères d'obus, continuent à lutter avec une énergie stupéfiante et parviennent à freiner considérablement l'avance allemande. Le 23, le front semble se figer en une lutte stérile pour la conquête de quelques centaines de mètres de terrain nivelé par les obus. Le 24, la pression allemande se fait sentir de plus en plus, la deuxième ligne française est atteinte, les avant-gardes arrivent seulement à 10 kilomètres de Verdun. L'infanterie allemande attaque avec un mordant extraordinaire, sans tenir compte de l'importance des pertes. Le soir même, le général Joffre appelle le général Pétain, afin qu'il organise la défense de la ville avec sa 2e armée.

Philippe Pétain arrive le 25 février sur place, le jour même où le fort de Douaumont, le plus important du système fortifié français, est conquis par les soldats allemands. La situation devient critique, mais dès le lendemain, l'offensive allemande marque des signes de fatigue : 2 200 000 obus ont été tirés par l'artillerie allemande, si bien que l'approvisionnement a besoin d'être complété. Pétain installe son poste de commandement à Souilly, au sud de Verdun, et organise aussitôt la défense. Il annule les ordres de destruction des autres forts, défendant le secteur, renforce le front en première ligne, si bien que les effectifs français passe de 3 à 11 divisions contre 20 divisions ennemies.

Pétain met surtout en place le ravitaillement de son armée, en organisant judicieusement la relève des divisions par la Voie Sacrée, l'unique route menant à Verdun, qu'il fait agrandir, afin de permettre à 3000 camions, 90 000 hommes et 50 000 tonnes de munitions d'y transiter par semaine. Les effets du système Pétain sont rapides sur le terrain : les troupes allemandes piétinent, notamment en raison de l'artillerie française habilement placée sur la rive gauche de la Meuse, qui les prend en enfilade. Le Kronprinz est obligé de porter l'offensive également dans ce secteur, élargissant ainsi sa ligne de front.

Le général Pétain renforce l'artillerie française, ce qui va lui permettre d'aligner 1727 canons le 28 mai 1916 contre 2200 canons allemands. Ainsi, nous sommes loin de la disparité du début en artillerie : 281 canons français contre 1257 canons allemands. La troupe française séjourne moins longuement en première ligne que sa rivale allemande, grâce au système Pétain de la relève régulière. Si bien que les soldats français, moins épuisés par les combats, se montrent souvent plus combatifs que les soldats allemands. Une attaque allemande est systématiquement repoussée par une contre-attaque française.

Le 9 mars 1916, l'armée allemande attaque en direction du Mort-Homme, une hauteur qui domine le champ de bataille. L'armée française s'y accroche et parvient à repousser l'assaillant. Le Kronprinz tente alors d'élargir le front vers l'ouest, à la cote 304, où les fantassins français parviennent également à enrayer les assauts de l'ennemi.

Le 9 avril 1916, une offensive allemande de grande envergure est brisée par les Français sur la rive gauche. Le général Pétain galvanise la résistance de ses troupes par son célèbre message : « Courage, on les aura ! »

À la fin du mois, du fait de son rôle décisif dans la sauvegarde de Verdun, Pétain est promu au poste de commandant du groupe d'armées du Centre. Il est remplacé à Verdun par le général Nivelle, qui tente aussitôt de reprendre Douaumont, mais l'attaque française se heurte à une résistance acharnée des défenseurs allemands qui parviennent à stopper les assaillants.

En juin 1916, l'armée allemande, qui veut en finir au plus vite et dont les pertes s'accumulent, redouble d'activité sur la rive droite de la Meuse. Elle s'empare brillamment du fort de Vaux le 7 juin, malgré la résistance héroïque des poilus du commandant Raynald qui se rendent, épuisés en particulier par le supplice de la soif, après avoir repoussés de très nombreux assauts allemands. Les Allemands accordent à la garnison française les honneurs de la guerre. Depuis la fin mai, ce fort a encaissé 8000 obus allemands de tous calibres.

L'infanterie allemande tente ensuite son va-tout dans le secteur de Fleury, fin juin et début juillet. À bout de souffle, elle parvient à quelques centaines de mètres de la côte de Belleville, qui domine Verdun, mais ne peut progresser au-delà, en se heurtant à une résistance féroce des troupes françaises.

Dès la mi-août 1916, l'armée française passe à la contre-offensive pour dégager Souville et, après les poussées successives des divisions du général Mangin sur l'ouvrage de Thiaumont et la brillante reprise des ruines de Fleury par le régiment d'infanterie coloniale du Maroc (RICM), le régiment français le plus décoré de la Grande Guerre 14-18, les Allemands ont définitivement perdu l'initiative des opérations devant Verdun. Leur opinion publique, naguère si enthousiaste, condamne désormais l'offensive dans ce secteur.

Guillaume II, empereur d'Allemagne, remplace Falkenhayn, à la tête du commandement allemand du front occidental, par Hindenburg et Ludendorff, les vainqueurs du front russe, qui décident, le 2 septembre 1916, d'arrêter toute offensive spectaculaire sur Verdun.

En septembre 1916, l'armée française améliore ses positions et se rapproche du fort de Douaumont, que Nivelle compte bien reprendre à la faveur d'une puissante offensive, qui débute en octobre 1916 et semble irrésistible. Le fort de Douaumont est pilonné par des canons lourds français de 105 mm à 400 mm. Du 19 au 25 octobre 1916, l'artillerie française tire 530 000 obus de 75 mm et 100 000 obus de 155 mm. Les trois divisions françaises du général Mangin – la 38e DI (général Guyot de Salins), la 133e DI (général Passaga) et la 74e DI (général de Lardemelle) – s'élancent avec une fougue extraordinaire et s'emparent de tous les objectifs, dont principalement le fort de Douaumont, pour des pertes légères et la capture de 6 000 soldats allemands lors de l'unique journée du 24 octobre.

Le 2 novembre 1916, la victoire française est complétée par la reprise du fort de Vaux, abandonné par les Allemands. En décembre, un autre assaut permet de récupérer la plus grande partie du terrain perdu depuis février. La bataille de Verdun se termine par une incontestable victoire française. En l'espace de quelques jours, les troupes françaises reprennent un terrain que l'armée allemande avait mis des mois à conquérir. Les pertes militaires de la bataille de Verdun sont sensiblement identiques dans les deux camps : 423 000 soldats français et 420 000 soldats allemands tués ou blessés.

« Verdun pour l'Allemagne a bien été une défaite, écrit Louis Cadars. Encore plus nette même que la Marne qu'elle avait expliquée en la présentant comme une méprise du haut commandement, une erreur d'appréciation stratégique de sa part. Car à Verdun l'armée allemande s'est employée à fond, en bourrant sur l'obstacle, sans manœuvres, en engageant tous ses moyens matériels pour forcer la décision. En définitive, nous avons reconquis en quelques jours de bataille presque tout le terrain que l'ennemi avait mis huit mois à conquérir. Donc victoire matérielle et victoire morale pour nous. »[18]

Pour dissimuler son échec, le général von Falkenhayn va chercher à faire croire, après la guerre, que l'offensive allemande ne visait pas essentiellement à gagner du terrain, mais recherchait la mise hors de combat de la France en réalisant la « saignée » de l'armée française, obtenue aux moindres pertes par la supériorité matérielle de l'attaquant. Or même à cet égard, le but capital de l'Allemagne n'a pas été atteint. La bataille d'usure qu'elle se flattait de gagner s'est retournée contre elle. Falkenhayn, en grande partie pour justifier sa stratégie aberrante, a prétendu que les pertes allemandes n'avaient pas dépassé le tiers des pertes françaises et qu'il avait broyé 90 de nos divisions sur la Meuse. Les chiffres condamnent cette affirmation mensongère, pourtant reprise par de nombreux « historiens ».

L'armée française n'a engagé que 66 divisions dans la bataille de Verdun sur ses 106 divisions présentes sur le

---

[18] Louis Cadars, *L'année sanglante de Verdun*, Les Cahiers de l'Histoire n°53, février 1966, Paris.

front occidental en 1916, en effectuant, selon la méthode Pétain, des relèves aussi rapides que possible, en évitant ainsi leur épuisement total, à la différence du commandement allemand qui rivait ses effectifs au secteur de Verdun jusqu'à l'extrême limite de leur capacité de combat.

Les Allemands ont engagé à Verdun 43 divisions, qui ont été décimées par l'artillerie et la résistance acharnée des troupes françaises. À mesure que se développe la bataille, les Allemands sont soumis à la même épreuve que les Français, sans aucun abri sur le terrain conquis et sans possibilité d'en construire sous notre feu. L'artillerie française, si démunie au début de la bataille, met par la suite en action 2000 pièces dont environ 1100 canons de 75 mm et déverse plus de 14 millions d'obus, dont plus de 10 millions d'obus de 75 mm.

Les calculs établis par le commandement allemand prévoyaient des pertes françaises cinq fois plus importantes que celles des troupes allemandes. Or, à la fin de la bataille de Verdun, les pertes s'équilibrent : 423 000 soldats français tués ou blessés sur 66 divisions engagées, contre 420 000 soldats allemands sur 43 divisions.

Verdun a, dans le monde entier, un retentissement

moral immédiat et prodigieux. L'armée allemande, réputée invincible, est mise en échec par la vaillance des troupes françaises. Verdun symbolise aux yeux du monde la résistance héroïque de l'armée française, capable de tenir en échec l'armée la plus puissante du monde. Au même titre que la bataille de Stalingrad témoigne de la résistance admirable de l'armée soviétique durant la Seconde Guerre mondiale, Verdun occupe la même place au sein de l'armée française lors de la Grande Guerre.

L'armée allemande comptait vaincre la France à Verdun, elle n'a fait que rendre le légendaire poilu plus combatif, offrant à l'armée française un prestige inégalé aux yeux du monde à l'époque.

L'offensive de la Somme, décidée par le général Joffre dès décembre 1915, doit permettre de percer les défenses allemandes et de quitter l'enfer des tranchées pour retrouver le terrain libre et la guerre de mouvement.

L'offensive allemande sur Verdun en février 1916 repousse l'opération sur la Somme pour un temps. L'objectif demeure cependant le même : la rupture du front et au minimum l'usure de l'adversaire, tout en soulageant les Français de la pression allemande sur Verdun.

Le secteur d'attaque n'est pas facile. Le terrain est truffé de villages, érigés par les Allemands en autant de forteresses, avec quelques collines qui permettent aux défenseurs de surveiller le va-et-vient de l'adversaire. À cet aspect de cloisonnement inextricable des localités, où les Allemands tiennent toutes les positions dominantes, vient s'ajouter la forme défavorable du tracé de la position de départ, résultant du saillant de Maricourt, où se raccordent les deux armées alliées à angle droit, les Britanniques face au nord, les Français face au sud. Cette situation condamne les deux Alliés à des efforts divergents. On tente de remédier à cette situation précaire en demandant aux Anglais de prendre à revers les défenses de Mametz.

Les puissantes défenses allemandes de la Somme représentent un ensemble extrêmement bien organisé en profondeur. La première position comprend de nombreuses lignes de barbelés, des tranchées, souvent bétonnées, un labyrinthe d'abris profonds comportant tout le confort moderne, des nids de mitrailleuses, des casemates. Une seconde ligne intermédiaire protège des batteries d'artillerie de campagne, capables d'appuyer rapidement l'infanterie de première ligne, tout en offrant une zone de replis éventuels pour les fantassins. Une troisième position offre des moyens défensifs aussi puissants que la première ligne.

À l'arrière se trouvent des bois et des villages fortifiés, reliés par des boyaux, de façon à former une quatrième ligne de défense largement bétonnée. Les villages et les boqueteaux sont de puissants points d'appui qui se flanquent mutuellement.

Malgré l'offensive allemande sur Verdun en février 1916, Joffre maintient son projet d'attaque sur la Somme. Mais la nécessité de renforcer le front de Verdun l'oblige à réduire progressivement la participation française sur la Somme, en demandant à l'allié britannique de renforcer la sienne.

Cependant, même si l'armée britannique prend une part importante à cette offensive, nous sommes loin des affirmations tonitruantes de certains auteurs anglais qui passent sous silence la participation française à cette offensive. Le front d'attaque, large de 41 kilomètres, comprend 14 divisions françaises sur 16 kilomètres et 26 divisions britanniques sur 25 kilomètres. L'artillerie française met en ligne 1571 canons, tandis que l'armée britannique en aligne 1335, soit un total de 40 divisions alliées et 2906 pièces d'artillerie. Non seulement l'armée française supporte la totalité du poids de la bataille de Verdun côté allié, mais elle engage la majorité de l'artillerie alliée sur la Somme et près de la moitié des divisions engagées en première ligne. Les troupes françaises maintiennent en réserve 8 divisions, ce qui porte la totalité des divisions françaises présentes sur la Somme à 22 divisions, soit presque autant que la totalité des 26 divisions britanniques.

De son côté, l'armée allemande défend le secteur menacé avec 8 divisions en première ligne, 13 divisions en réserve et 844 pièces d'artillerie. Si l'on prend en considération la totalité des forces engagées, on obtient 26 divisions britanniques, 22 divisions françaises et 21 divisions allemandes : la présence française est donc loin d'être négligeable. Autre fait important à noter, l'artillerie lourde alliée est très majoritairement française, avec 854 pièces, tandis que l'artillerie lourde britannique se limite à 467 canons. Les troupes françaises disposent également de 1100 mortiers de tranchées, alors que l'armée britannique en aligne nettement moins. Comme on peut alors le constater par les chiffres, la place française dans cette offensive, prétendument britannique, est considérable, aussi bien en infanterie qu'en puissance de feu.

Parfaitement conscient de la puissance de la défense allemande, le commandement allié est bien décidé de ne pas commettre les mêmes erreurs tactiques qu'en 1915. Le général français Foch, commandant le groupe d'armées du Nord, en accord avec le britannique Haig, met au point un nouvel ensemble de principes d'attaque :

« Pour faire brèche, écrit Foch, il s'agit d'abord, à coups d'artillerie aussi puissants que possible, d'abattre la défense ennemie par pans successifs. Ainsi, les attaques menées sur des fronts initiaux, étroits mais bénéficiant d'un appui maximal, se combinent et se complètent pour assurer le succès de l'ensemble.

« L'infanterie elle-même doit s'adapter à un mode de combat nouveau : il ne s'agit plus d'une ruée à travers les lignes ennemies, mais d'un combat organisé, conduit d'objectif en objectif, toujours avec une préparation d'artillerie exacte et par conséquent efficace. »[19]

Dans l'application de la tactique de Foch, on constate cependant d'importantes différences entre les deux armées alliées. À côté des dispositifs souples et légers des Français, le commandement anglais présente des

---

[19] *Archives militaires françaises*, Vincennes.

formations figées et lourdes, qui forment des cibles magnifiques pour l'adversaire.

En 1916, l'armée britannique en France manque cruellement d'expérience. Les soldats professionnels de 1914 ont été en grande partie mis hors de combat, si bien que la majorité des effectifs se compose de volontaires des forces territoriales qui manquent de formation et d'expérience au feu. Les troupes françaises ont une maîtrise de la guerre inégalée du côté des Alliés sur le front occidental. L'artillerie française ajuste parfaitement le barrage roulant de ses tirs pour soutenir l'infanterie, alors que son homologue britannique manque également de maîtrise dans ce domaine.

D'après l'écrivain allemand Ernst Jünger, combattant d'élite de la Grande Guerre au sein des troupes d'assaut, quatorze fois blessé et décoré de la Croix pour le mérite (la plus haute décoration militaire allemande), « l'armée française de 1916, forte de son expérience de plus de 17 mois de guerre, représentait la meilleure armée alliée du fait de la qualité exceptionnelle de ses combattants, aussi bien en infanterie qu'en artillerie. Le soldat britannique, malgré sa vaillance au feu, n'avait pas la même expérience que le soldat français, qui se battait en plus sur son sol pour défendre son territoire. Les assauts de l'infanterie françaises semblaient irrésistibles, malgré la puissance de feu de notre armement. Sur le plan défensif, le soldat français pouvait conserver sa position jusqu'à la mort. Il avait également une endurance remarquable malgré les privations de toutes sortes et les terribles souffrances de la guerre de tranchée. L'armée française de l'époque se composait majoritairement de paysans, habitués à la vie rude de la campagne. Lors des combats à la baïonnette, le soldat français se révélait un redoutable combattant, un véritable tueur, de la même valeur que son ancêtre de l'armée napoléonienne du Premier Empire ».[20]

Dans le secteur britannique, au sud de Bapaume, la préparation d'artillerie, initialement prévue pour cinq jours, débute le 24 juin 1916, s'intensifie les jours suivants jusqu'au 1er juillet. À partir de 6 heures 25, ce 1er juillet, les tirs d'artillerie atteignent une cadence de 3500 coups par minute, produisant un bruit si intense qu'il est perçu jusqu'en Angleterre ! À 7 heures 30, au coup de sifflet, l'infanterie britannique franchit les parapets, baïonnette au

---

[20] *Archives militaires allemandes*, Fribourg-en-Brisgau.

canon, puis part lentement à l'assaut des tranchées allemandes.

Les fantassins britanniques sont lourdement chargés avec plus de 30 kg d'équipement. Face aux Britanniques, les défenses allemandes ont peu souffert du fait de la faiblesse de l'artillerie lourde anglaise, limitée à 467 canons de gros calibres. Les Allemands accueillent avec des tirs de mitrailleuses les Britanniques qui sont fauchés en masse. Les officiers, souvent repérables, sont particulièrement visés. On estime à 30 000 le nombre des victimes britanniques (tués ou blessés) durant les six premières minutes de la bataille ! Ce 1er juillet 1916 est le jour le plus meurtrier de toute l'histoire militaire britannique. Les Allemands sont stupéfaits de voir les Britanniques attaquer au pas lent, selon le règlement absurde de l'armée anglaise de l'époque. Le commandement anglais craint que son infanterie perde le contact en courant et en se dispersant. Persuadés que les défenses allemandes sont anéantis par l'artillerie, les officiers britanniques exigent que leurs hommes avancent au pas de marche.

À midi, l'état-major britannique retient les vagues d'assaut suivantes. On compte pour cette première journée 20 000 tués et 40 000 blessés, sur 100 000 soldats britanniques engagés, pour des gains territoriaux presque nuls ! Lorsque les rares soldats britanniques arrivent aux tranchées allemandes, ils sont trop peu nombreux pour résister à une contre-attaque. Certaines unités ont perdu 91 % de leurs effectifs ! Les jours suivants les troupes britanniques piétinent devant les tranchées allemandes, truffées de mitrailleuses qui fauchent par milliers les assaillants.

Quel contraste avec le brillant succès de l'armée française, au sud de Péronne. La bataille de la Somme a été préparée par les généraux français dans les moindres détails. Une imposante artillerie lourde est présente. Les fantassins français sont équipés légèrement pour progresser rapidement. La puissance de feu des unités d'assaut a été considérablement renforcée : fusils lance-grenades, fusils mitrailleurs, mise en place d'une compagnie de 8 mitrailleuses par bataillon, artillerie de soutien avec des canons de 37 mm et des mortiers de divers calibres. La liaison entre l'infanterie et l'artillerie est parfaite. L'aviation de chasse française doit également appuyer l'infanterie. Enfin, l'évacuation des blessés est considérablement améliorée.

« Alors que les Britanniques souffrent tant le 1er

juillet 1916, écrit Yves Buffetaut, les Français enregistrent des pertes très légères. Ainsi, une division entière ne perd que 200 hommes le premier jour. Plusieurs villages sont capturés aisément et les hommes ont l'impression d'y « entrer comme dans du beurre ». En quelques jours de combat, la 6ᵉ armée française avance de 10 kilomètres sur un front de 20 kilomètres et capture 12 000 hommes, 255 officiers, 85 canons, 26 mortiers, plus de 100 mitrailleuses. »[21]

L'infanterie française est entièrement maîtresse du plateau de Flaucourt qui lui a été assigné comme objectif et qui constitue la principale défense allemande de Péronne. Devant la menace française d'une percée des positions ennemies, 35 divisions allemandes sont appelées en renfort sur le front de la Somme. Durant la même période, les Britanniques ne parviennent qu'à s'emparer des bois de Mametz, au nord de Contalmaison, où seulement 1000 soldats allemands sont capturés, pour une progression d'à peine 3 kilomètres.

---

[21] Yves Buffetaut, *Atlas de la Première Guerre mondiale*, éditions Autrement 2005.

La brillante progression des troupes françaises ne dure pas en raison de l'échec de l'armée britannique. L'avance française ne peut se développer seule, si bien que le rythme ralentit. Les Allemands, constamment renforcés en effectifs, se ressaisissent et, à compter du 20 juillet 1916, une bataille d'usure commence. Elle va durer cinq mois, avec des pertes de plus en plus lourdes et des gains territoriaux de plus en plus réduits. La bataille s'enlise sous la pluie et dans la boue.

Cependant, fin juillet, les Britanniques se ressaisissent par endroits, après une nouvelle préparation d'artillerie. L'armée anglaise du général Rawlinson, soutenue par le 20e corps d'armée français (CA), s'empare sur 4 kilomètres de la deuxième position allemande : Ovillers, La Boiselle, Contalmaison, Bazentin-le-Grand et Longeval sont occupés, tandis que le 20e CA français enlève Hardecourt et se relie au 1er corps d'armée colonial français devant Cléry-sur-Somme.

Le 27 juillet, les troupes australiennes s'emparent du puissant point d'appui de Pozières. La bataille connaît ensuite une longue période de temps mort, afin de renforcer les effectifs décimés. Le 24 août, les Français du 1er CA enlèvent le village de Maurepas, lors d'une brillante action conduite par le bataillon du commandant Frère.

Après une période d'instruction au camp d'Arches dans les Vosges, les 6e, 27e et 28e bataillons de chasseurs alpins (BCA), placés sous les ordres du colonel Messimy, forment la 6e brigade de chasseurs et doivent prendre une part active à la bataille de la Somme. Albert Roche quitte donc le front montagneux des Vosges pour celui de la Somme. Dès les premiers jours de septembre 1916, le 27e BCA, sous les ordres du commandant de Galbert, arrive à proximité de la ligne de feu, près de Suzanne. Le 3 septembre, il relève le 363e régiment d'infanterie (RI), en avant du bois de Hem, sur la route de Cléry à Maurepas, avec la mission délicate de s'emparer de la crête de l'Observatoire, position importante que les Allemands tiennent solidement. L'attaque débute le 4 septembre, en liaison avec le 6e BCA. Albert Roche participe à cette terrible bataille avec la même fougue habituelle. Le 27e BCA s'élance comme un seul homme à l'assaut de la formidable position et, malgré la résistance ennemie, le tir rasant des mitrailleuses et les barrages d'artillerie, parvient, après une nuit et une journée de combats acharnés, à s'emparer de la fameuse crête, la dépassant même légèrement aux abords de la lisière ouest du bois des Marrières. Jusqu'au 8 septembre, le 27e BCA reste sur cette position, repousse toutes les contre-attaques allemandes sous une pluie d'obus.

Passé ensuite en réserve dans le ravin des Riez, le 27e BCA reçoit l'ordre de s'emparer de Bouchavesnes. L'attaque débute le 12 septembre 1916. Comme les jours précédents, l'élan des chefs et des chasseurs alpins, dont Albert Roche, est irrésistible. La route de Bapaume à Péronne est atteinte. Le village de Bouchavesnes est enlevé et dépassé après un furieux assaut à la baïonnette. Bien que soumis à un déluge d'obus de l'artillerie allemande, le 27e BCA repousse toutes les contre-attaques adverses.

À la suite de ce brillant succès militaire, le 27e BCA est de nouveau cité à l'ordre de l'armée : « Sous les ordres du commandant de Galbert, officier d'une rare valeur, tombé glorieusement au cours de la lutte, le 27e BCA a progressé dans les lignes allemandes, du 4 au 12 septembre 1916, avec une énergie et une audace admirables, réalisant dans deux attaques successives, malgré de lourdes pertes, un gain de terrain de 4 kilomètres, faisant 400 prisonniers, enlevant 5 canons, 8 mitrailleuses et participant, en fin de combat, à l'enlèvement à la baïonnette d'un village fortement organisé. »[22]

Albert Roche est cité à l'ordre de la division le 13 octobre 1916 : « Chasseur d'un courage frisant la témérité, toujours volontaire pour les missions périlleuses, au combat du 12 septembre 1916, a assuré la liaison d'une façon parfaite, dans des circonstances dangereuses. »[23]

Retiré du front de la Somme, le 27e BCA se reforme en Seine-Inférieure, dans la région de Gaillefontaine jusqu'à la fin octobre 1916. On le revoit sur la Somme début novembre, où il doit participer à l'attaque du bois de Saint-Pierre-Waast. Le 5 novembre, malgré un sol déplorable, malgré la boue dans laquelle Albert Roche et ses compagnons s'enfoncent jusqu'à la ceinture, le 27e BCA s'empare de la position, en faisant de nombreux prisonniers allemands. Le 24 novembre 1916, Albert Roche est cité à l'ordre de la division : « Chasseur d'un courage remarquable, bien que blessé légèrement, s'est offert pour

---

[22] *Historique du 27e bataillon alpin de chasseurs à pied pendant la guerre 1914-1918*, imprimerie Berger-Levrault s.d.

[23] *Archives militaires françaises, Vincennes. Archives de la famille d'Albert Roche*, déposées à la mairie de Réauville.

porter un message important sous un feu violent d'artillerie. »[24]

À la mi-novembre 1916, le 27e BCA est retiré du front de la Somme, afin de se reconstituer et d'instruire les nouveaux contingents, sous les ordres du commandant Pigeud, dans la région de Corcieux-Plainfaing, dans les Vosges. Après quelques jours passés dans le secteur du Linge-Schtratz, en décembre 1916, sous les violents tirs de l'artillerie allemande de tranchée, le bataillon gagne, par une série d'étapes très pénibles, sous un froid polaire, les environs de la frontière suisse, à Ecken-Falckwiller, où il s'entraîne pour se préparer à la grande offensive du printemps 1917.

Sur le front de la Somme, la boue fait arrêter toutes les opérations. Les soldats s'enlisent sans pouvoir en sortir. Le paysage devient un désert bourbeux que les combattants britanniques, les tommies, qualifient de « porridge »...

En cinq mois de combat, de juillet à novembre 1916, les Alliés ont progressé de 12 kilomètres sur le front de la

---

[24] *Archives militaires françaises, Vincennes. Archives de la famille d'Albert Roche*, déposées à la mairie de Réauville.

Somme et conquis 25 villages, transformés en bastions. Les Britanniques ont fait 31 100 prisonniers, pris 131 canons, 111 mortiers et 453 mitrailleuses. Les Français ont capturé 42 000 soldats allemands, 172 canons, 104 mortiers et 535 mitrailleuses. Pour de tels résultats, les Britanniques comptent 453 000 soldats hors de combat, dont 207 000 tués. Les Français déplorent 202 600 soldats hors de combat, dont 67 000 tués. Avec des pertes nettement moins lourdes, l'armée française a obtenu des résultats supérieurs à l'armée britannique. Les Allemands ont perdu 537 000 soldats, dont 170 000 tués. Il convient de noter que 60 % des pertes allemandes sur la Somme l'ont été face aux troupes françaises : environ 322 000 soldats allemands tués ou blessés contre 202 600 soldats français.

L'offensive alliée sur la Somme soulage incontestablement l'armée française à Verdun. Le relâchement de l'étreinte allemande sur la Meuse permet aux Français de passer à la contre-offensive en octobre et en décembre à Verdun. Pour les Alliés, le résultat le plus important de la bataille de la Somme est de consacrer la reprise de l'initiative des opérations sur le front français. D'autre part, c'est sur la Somme que le soldat britannique s'aguerrit, finit par acquérir des qualités militaires qui lui permettront d'intervenir de façon efficace dans la victoire finale en 1918.

Sur la Somme, Albert Roche s'est particulièrement distingué, en participant à des assauts meurtriers et en jouant le rôle efficace d'agent de liaison. Son casque d'acier Adrian modèle 1915 lui a sauvé la vie : un éclat d'obus a frappé la bombe sans la percer. Parti à la guerre avec un uniforme coloré, hérité des guerres napoléoniennes (pantalon garance, képi et capote bleu foncé), le fantassin français connaît une spectaculaire transformation en 1915 avec l'adoption d'un uniforme gris-bleuté et du premier casque d'acier de combat au monde, le modèle Adrian. En effet le nombre total des tués et blessés à la tête monte de 80 % lors des premiers mois de la guerre et passe à 20 % après l'adoption du casque Adrian modèle 1915 : ce casque sauve des millions de vies ! L'intendant militaire Louis Adrian établit un modèle susceptible d'être fabriqué industriellement, reconnaissable à son cimier amortisseur, sa bombe, sa visière et son couvre nuque, sans oublier sa coiffe intérieure en cuir et l'insigne extérieur du devant, différent en fonction des unités : grenade pour l'infanterie et la cavalerie, grenade et deux canons croisés pour l'artillerie, cor de chasse pour les chasseurs, grenade et ancre pour l'infanterie coloniale, cuirasse et pot de tête pour le génie, croissant pour l'armée d'Afrique... En septembre

1915, la production journalière est de 52 000 casques et 1 600 000 ont déjà été distribués lors de l'offensive de Champagne. Grâce à son efficacité protectrice, le casque Adrian est l'objet d'une importante commande de la part de l'Italie, de la Belgique, de la Serbie, de la Roumanie, de la Russie et d'autres pays : plus de 22 millions de casques de ce type sont fabriqués.

En 1916, à la veille de la bataille de la Somme, les troupes britanniques reçoivent également un casque d'acier d'une bonne efficacité protectrice, inventé par John Leopold Brodie et fabriqué massivement en Grande-Bretagne à plus de 7 millions d'exemplaires. Sa forme très particulière (bombe ovale et visière circulaire) rappelle celle des piquiers du 15e siècle. Il sera également adopté par l'armée américaine en 1917-1918.

Les douloureux enseignements des offensives de 1914 ont fini par faire admettre, au sein du haut commandement français, que l'infanterie ne peut à elle seule conquérir un terrain défendu par un adversaire bien retranché. L'artillerie française qui, en 1914, est loin de répondre aux besoins est améliorée non seulement en puissance, mais également tactiquement par une coopération étroite avec l'infanterie dans les assauts, par des tirs préparatoires dont on a enfin compris l'absolue nécessité.

La compagnie d'infanterie bénéficie d'un soutien plus important en mitrailleuses, fusils lances grenades et artillerie de tranchée. Divisée en sections, la compagnie d'infanterie se lance à l'assaut, mitrailleurs et grenadiers en tête, marchant ou courant à distance les uns des autres pour diminuer leur vulnérabilité. Les voltigeurs les suivent au deuxième rang, puis viennent les « nettoyeurs » chargés de fouiller les tranchées, dépassées par les sections d'assaut, et de neutraliser les survivants. En masse compacte, les sections de renfort s'assurent le terrain conquis. La cavalerie à cheval, entraînée à sauter les tranchées et les lignes des barbelés, doit ensuite exploiter la percée en terrain libre, rendue possible par la conquête des tranchées ennemies par l'infanterie, l'artillerie ayant au préalable, avant l'attaque même des fantassins, détruit en parti les défenses adversaires et soutenu les assauts par un feu roulant, adaptée à la progression de la troupe.

L'année 1916 fixe sur le front occidental 106 divisions françaises, 6 divisions belges, 56 divisions britanniques, 1 division russe et 127 divisions allemandes, tandis que 56 divisions allemandes se trouvent sur le front russe. Comme on peut le constater par les chiffres, le front français accapare encore la plus grande partie de l'armée allemande. Albert Roche va de nouveau se distinguer en 1917.

III

1917

On retrouve Albert Roche et son bataillon sur le front de l'Aisne, lors de la sanglante bataille du Chemin-des-Dames en avril 1917.

Après ses succès à Verdun à la fin de l'année 1916, le général Nivelle devient commandant en chef de l'armée française, succédant ainsi à Joffre à ce poste primordial. Il pense pouvoir enfoncer le front allemand, en utilisant massivement l'artillerie lourde, afin de pulvériser les défenses allemandes. L'infanterie française n'aura plus qu'à occuper les lignes allemandes dévastées par les obus de gros calibres. Tactique somme toute assez proche des Allemands à Verdun en février 1916. Pour Nivelle, l'échec offensif allemand à Verdun est lié à l'insuffisance des moyens en artillerie lourde. Désirant en finir avec la guerre des tranchées, il masse sur un front de 30 kilomètres, entre

Soissons et Reims, 60 divisions françaises, appuyées par 2 700 pièces d'artillerie lourde et 2300 canons de 75 mm, sans oublier 194 chars d'assaut. En face, l'armée allemande aligne 40 divisions et 2500 pièces d'artillerie de moyens et gros calibres.

L'infanterie française doit avancer sur le pas d'un barrage roulant d'artillerie au rythme élevé, ce qui suppose une avance rapide des fantassins. L'offensive est prévue pour le 16 avril 1917, précédée, le 9, d'une attaque britannique de diversion à Arras, afin d'attirer les réserves allemandes. Malgré les réticences de certains ministres français comme Painlevé, prêchant la prudence, Nivelle assure que la percée en profondeur sera assurée. Mangin est d'accord avec lui, alors que Pétain se montre hostile et va même jusqu'à prévoir un grave échec. Nivelle menace de donner sa démission, si bien qu'il obtient rapidement gain de cause : l'offensive aura lieu.

L'artillerie française tire 5 millions d'obus de 75 et 2 millions d'obus de gros calibres durant deux jours. Les tirs sont cependant très imprécis en raison du mauvais temps. De très nombreuses unités allemandes se trouvent abritées dans d'immenses et profondes galeries et carrières souterraines que l'artillerie française ne peut détruire. Le lieutenant français Ybarnegaray résume l'échec de l'offensive Nivelle en quelques mots : « À six heures, la bataille est engagée ; à sept heures, elle était perdue. »[25]

Les causes de l'échec, parfaitement analysées par Yves Buffetaut, sont multiples : « Tout d'abord, aucun effet de surprise n'a joué. Des bruits couraient dans Paris depuis des semaines, donnant à la fois le lieu et le jour. Les Allemands avaient découvert le plan d'attaque sur le corps d'un sous-officier français. Le jour de l'offensive, le temps est détestable, avec la pluie et de la neige fondue, ce qui gêne les tirs et paralyse les troupes coloniales. Enfin, l'artillerie ne parvient pas à détruire les défenses allemandes. »[26]

Le 16 avril 1917, à l'aube, l'infanterie française se lance à l'assaut avec fougue. L'attaque démarre remarquablement, mais se heurte presque aussitôt aux feux de flanc des mitrailleuses allemandes sous abris bétonnés. En fin de journée, rien de décisif n'a été obtenu. Les

---

[25] *Archives militaires françaises*, Vincennes.

[26] Yves Buffetaut, *Atlas de la Première Guerre mondiale*, éditions Autrement 2005.

fantassins français sont décimés par les mitrailleuses. L'ennemi a partout résisté, son artillerie reste puissante, son aviation très active et ses réserves peuvent entrer en jeu. Ainsi au soir de ce 16 avril, la percée tant escomptée n'a pas été réalisée. La division Marchand a bien enlevé la première position allemande et quelques compagnies descendent même dans la vallée de l'Ailette, pour être fauchées par les tirs d'enfilade des Allemands. Le 2e corps colonial subit un véritable massacre : 6300 tirailleurs sénégalais tués sur 10 000 engagés ! Dans le secteur de Laffaux, les progrès ne dépassent pas 500 mètres. Dans la plaine de Juvincourt, les chars français Schneider et Saint-Chamond enlèvent la première position, mais sont ensuite détruits par l'artillerie allemande. Le seul vrai succès obtenu est celui du groupe d'armées du général Pétain qui s'empare des monts de Champagne à l'est de Reims. La bataille se poursuit jusqu'au 5 mai en une lutte stérile pour la conquête de quelques centaines de mètres de terrain, où attaques et contre-attaques se succèdent dans les deux camps. La progression française ne dépasse pas cinq à dix kilomètres et se solde par la mise hors de combat 187 000 soldats français (tués ou blessés) contre 163 000 soldats allemands tués ou blessés. Les troupes françaises ont également capturé 22 000 soldats ennemis, 107 canons et

300 mitrailleuses.

L'offensive française n'est en rien un désastre. Les pertes allemandes sont proches des pertes françaises. L'armée française n'a pas reculé et à même progressé de dix kilomètres par endroits. La 4e armée du général Anthoine, placée sous les ordres du général Pétain, a pu conquérir plusieurs hauteurs à l'est de Reims, comme les monts Cornillet (208 mètres), Haut (257 mètres), Le Casque (242 mètres), Téton, Blond, Sans Nom, ainsi que le village d'Auberive. La 5e armée du général Mangin s'est emparée de plusieurs localités à l'est de Soissons, comme Laffaut, Moulin, Jouy, Condé, Chavonne, Ostel, Braye et Cerny. Avec 187 000 soldats français tués ou blessés nous sommes loin des terribles pertes britanniques sur la Somme en 1916 (453 000 soldats hors de combat) pour des résultats territoriaux assez identiques. Les chiffres les plus fantaisistes au sujet des pertes françaises ont circulé. Or il n'y a jamais eu 250 000 soldats français tués au Chemin-des-Dames. Même si les pertes sont importantes, nous sommes loin des rumeurs les plus délirantes.

Dans le secteur d'Arras, lieu même de l'offensive britannique de diversion, les assauts sont arrêtés au bout de six jours (9-14 avril 1917) et aucune percée en profondeur n'est réussie, malgré la brillante conquête de la crête de Vimy par les Canadiens. La progression britannique est cependant marquée par une avance de 8 kilomètres par endroits et la capture de 13 000 soldats allemands. Les pertes britanniques, liées à un manque d'expérience de la guerre moderne, sont énormes pour des résultats limitées : 355 000 soldats tués ou blessés !

Bien entendu l'historiographie anglo-américaine se focalise sur la bataille du Chemin-des-Dames pour faire oublier celle du secteur d'Arras, afin de mieux souligner l'échec des troupes françaises. Or, à la lumière des faits présentés précédemment, cette offensive du général Nivelle est davantage un demi-succès tactique qu'une défaite retentissante. Certes, la percée n'est pas effectuée, mais les pertes sont sensiblement identiques dans les deux camps et la progression en divers endroits est avérée.

Albert Roche et son bataillon participent à la bataille du Chemin-des-Dames. Début avril 1917, le 27e BCA est concentré sur la Marne, où il est passé en revue par le général Nivelle. Le 15 avril, au matin, il quitte les carrières de Romain où il s'était rassemblé et se porte à la ferme de Beaugilet, qu'il quitte à la nuit tombée pour gagner la région de Beaumarais. Il y stationne deux jours. Le 17 avril, Roche et son bataillon reçoivent l'ordre d'attaquer la tranchée de Lutzen, au sud de Cobeny. Le 27e BCA se porte immédiatement en première ligne, sous un terrible bombardement d'artillerie et, à 15 heures, passe à l'assaut.

« Dès le franchissement du parapet, raconte l'historique du 27e BCA, les mitrailleuses ennemies commencent leurs rafales sur les fractions d'assaut. Utilisant tous les trous d'obus, les chasseurs progressent dans un ordre parfait. Arrivés aux parallèles de départ avancées, ils les traversent péniblement ; mais le bel élan du départ est brisé. Les mitrailleuses et les canons ennemis rendent la progression difficile. Une peloton de la $1^{\text{ère}}$ compagnie, qui a pu profiter d'un faible cheminement et de quelques chicanes, atteint ses objectifs, fait 54 prisonniers dont un officier, prend 2 mitrailleuses et 5 fusils mitrailleurs. Le peloton de soutien ne peut, avec ses quarante hommes, tenir le flot des Allemands sans cesse grossissant. Les munitions s'épuisent. Heureusement, il y en a dans les abris ennemis. Cette poignée de braves livre un dernier combat à la grenade et se replie vers le 110e régiment d'infanterie. Vers le soir, le bataillon est regroupé et tient solidement les tranchées, qu'il occupe durant encore toute la journée du 18 sous un bombardement ininterrompu. »[27]

Relevé dans la nuit du 18 au 19 avril 1917, le 27e BCA occupe les abris de la butte aux Pins, au nord-est du bois de Beaumarais, où il reste jusqu'au 22, sous les tirs de l'artillerie allemande, utilisant des gaz de combat. Le bataillon va ensuite se reformer à Courville, à 5 kilomètres au sud-est de Fismes.

Le 4 juin 1917, le 27e BCA relève un régiment d'infanterie au plateau de Californie, où durant dix jours il tient fermement sa position, en repoussant plusieurs assauts de l'ennemi. C'est un véritable enfer, à cause du bombardement incessant de l'artillerie lourde, qui occasionne au bataillon des pertes sérieuses.

Durant cette bataille du Chemin-des-Dames, Albert Roche se distingue à nouveau. Son capitaine est grièvement blessé entre les lignes françaises et allemandes. Roche rampe pendant six heures pour le retrouver et quatre heures encore pour le ramener dans les lignes françaises. Il le confie aux brancardiers.

---

[27] *Historique du 27e bataillon alpin de chasseurs à pied pendant la guerre 1914-1918*, imprimerie Berger-Levrault s.d.

« Le capitaine a perdu connaissance, raconte Pierre Miquel. Épuisé, Roche s'est endormi dans un trou de guetteur. Un ordre le réveille. C'est un lieutenant français.

« - Vous avez, lui dit-il, abandonné votre poste sous le feu.

« - Je viens de sauver mon capitaine, dit Roche.

« - Où est-il ?

« - À l'antenne chirurgicale, il était blessé.

« - Où se trouve votre section ?

« - Je l'ignore. Puisque je vous dis que j'ai sauvé mon capitaine !

« - Vous vous expliquerez devant le tribunal.

« Roche ne peut rien expliquer. Il n'a pas de témoins. On est en période de mutineries, les procès vont vite. Il demande le secours du capitaine. Arrivera-t-il à temps ? L'officier est-il toujours vivant ? On ne l'écoute pas, il est condamné, conduit dans une tranchée pour y être fusillé.

« Heureusement, le capitaine a été sauvé. Quand il apprend que Roche est en danger, il envoie une estafette qui arrive juste à temps. Roche a de la chance ! Peu après, le général Gouraud le décore en personne de la Médaille militaire. »[28]

L'historiographie anglo-américaine se focalise sur les mutineries qui auraient frappé massivement l'armée française après la bataille du Chemin-des-Dames, au point de la rendre inopérante par la suite. Lorsque le 10 mai 1917, le général Philippe Pétain est nommé commandant en chef de l'armée française à la place de Nivelle, la situation n'est pas aussi tragique que le prétendent nombre « d'historiens ». Pétain trouve certes son armée abattue par de terribles pertes (3 360 000 soldats tués ou blessés de 1914 à 1917) et dans un état de profond malaise : 46 divisions sur 106 ont été affectées par des actes collectifs de rébellion. Les poilus sont bien décidés à défendre le sol national mais ne veulent plus être lancés dans des offensives inutiles et suicidaires. Trop de tués et de blessés pour des résultats limités, trop de promesses de percées définitives jamais réalisées.

---

[28] Pierre Miquel, *La Grande Guerre au jour le jour*, éditions Fayard-Pluriel 2010.

Les actes collectifs de rébellion en 1917 sont de 10 du 22 avril au 25 mars, 80 du 29 mai au 10 juin, 20 du 11 juin au 2 juillet, 5 du 3 au 24 juillet, 3 en août, 1 seul en septembre. Les cas graves de rébellion ont notamment affecté 79 régiments d'infanterie sur 318. Les condamnations prononcées par les tribunaux militaires ont touché 23 889 militaires sur environ 2 millions de soldats affectés aux 106 divisions françaises. Sur ce chiffre de militaires condamnés, le plus grand nombre, souvent des combattants chevronnés, a pu se réhabiliter au front.

Quant aux chiffres des mutins passés par les armes, il a donné lieu aux légendes les plus fantaisistes. Sur 412 peines de mort prononcées, seules 55 ont été suivies d'exécution pour crimes militaires, voire de droit commun, caractérisés.

Pétain ramène le calme en un mois, sans que les Allemands se rendent compte de quoi que ce soit. Il améliore considérablement le quotidien des soldats. En mettant fin aux attaques coûteuses en vies humaines, il rétablit la confiance de l'armée. Il constate que le poilu est souvent mal nourri, mal installé à l'arrière après ses séjours en ligne, que le système des permissions tant désirées fonctionne d'une façon irrégulière, et que l'échec de la dernière offensive du général Nivelle a d'autant plus brisé le ressort de la troupe qu'elle en a attendu, avec la victoire, la fin du cauchemar.

Les remèdes du général Pétain sont simples : « L'alimentation sera surveillée de très près, les cuisines roulantes rapprochées des premières lignes. Des cantonnements salubres seront partout aménagés à l'arrière et réservés en priorité aux unités descendant du front. La vente du vin sera rigoureusement contrôlée et les mercantis impitoyablement chassés des coopératives. Les permissions seront strictement réglées à raison de dix par jours tous les quatre mois, suivant un tour préétabli et connu de tous, et les gares où transitent les permissionnaires se feront plus accueillantes. La noria des divisions sera étudiée soigneusement, en vue d'une alternance régulière des séjours en ligne, au repos et à l'instruction. Il s'agit également de réapprendre à sa battre, suivant des méthodes nouvelles, à une troupe trop longtemps enlisée dans la routine comme dans la boue des tranchées. Il faut multiplier écoles et stages, organiser de courtes manœuvres pour les unités de corps. »[29]

Le général Pétain visite, de juin à juillet 1917, près de 90 divisions françaises, parle aux généraux, aux cadres et aux hommes. Tout en consacrant l'essentiel de son attention à la remise en condition de l'armée, Pétain n'entend pas la laisser dans l'oisiveté. L'ennemi se charge, d'ailleurs, de tenir les troupes françaises en éveil. Du 3 juin au 31 juillet 1917, les troupes allemandes lancent de nombreux assauts au mont Cornillet, sur le plateau de Californie, au Doigt d'Hurtebise et autour de la grotte du Dragon. Les soldats français résistent opiniâtrement et conservent leurs positions.

Fidèle à son principe de redonner à l'armée française toute sa confiance, Pétain lance en août 1917, à Verdun, une offensive destinée à compléter les succès des 24 octobre et 15 décembre 1916. L'opération est menée d'Avocourt à Bezonvaux, sur un front de 18 kilomètres, par la 2e armée française du général Guillaumat. Après dix jours d'une puissante préparation d'artillerie (un canon tous les 6 mètres, soit 6 tonnes de munitions au mètre courant),

---

[29] *Archives militaires françaises*, Vincennes.

l'attaque débouche, le 20 août, sur les positions de la 5ᵉ armée allemande du général von Gallwitz. Le 25, les côtes de l'Oie et du Talou, le village de Samogneux sont conquis. Les soldats français parviennent même aux lisières de Beaumont. C'est un succès complet, pour des pertes françaises limitées (3500 tués ou blessés) et la mise hors de combat de 22 000 soldats allemands.

Durant ces combats, Albert Roche et son bataillon sont retirés du front, afin de goûter à un repos bien mérité aux environs de Paris. Le 27e BCA prend part à la revue et au défilé en l'honneur de la fête nationale du 14 juillet 1917, dans la capitale. Le 21 juillet, il est passé en revue par le général Pétain. Le 26, il remonte en ligne au Chemin-des-Dames, devant la ferme de La Royère.

Le 10 août 1917, Albert Roche et son bataillon repoussent une violente attaque allemande, utilisant des gaz de combat et des lance-flammes, devant la tranchée de la Gargousse. Un combat acharné s'engage à la grenade, à la baïonnette, à la pelle et la pioche de tranchée. De nombreux cadavres ennemis gisent devant les lignes françaises. En récompense à cette résistante héroïque, le 27e BCA est cité à l'ordre du corps-d'armée, le 23 août 1917 : « Après avoir subi une violente attaque allemande, avec des gaz de combat et des lance-flammes, le 27e BCA a pu, par une magnifique contre-attaque dirigée personnellement par le chef de bataillon Pigeaud, arrêter net les dernières tentatives de l'assaillant qui a été à peu près exterminé à la suite d'une lutte acharnée à l'arme blanche et à la grenade. »[30]

Le 26 août 1917, Albert Roche est cité à l'ordre de l'armée : « Toujours volontaire pour les missions périlleuses, il s'est dépensé sans compter de jour et de nuit pour porter des messages et assurer la liaison sur un terrain difficile et continuellement battu par les feux de l'ennemi. »[31]

Fin août 1917, le 27e BCA va se reformer aux environs de Senlis. De retour dans le secteur du Chemin-des-Dames au nord de Vailly, il doit participer à l'offensive de La Malmaison, préparée par le général Pétain. En effet, la grande idée de Pétain est de revenir à ce Chemin-des-Dames, source de tant de maux dont le souvenir doit être

---

[30] *Historique du 27e bataillon alpin de chasseurs à pied pendant la guerre 1914-1918*, imprimerie Berger-Levrault s.d.

[31] *Archives militaires françaises*, Vincennes. *Archives de la famille d'Albert Roche*, déposées à la mairie de Réauville.

effacé. La 6ᵉ armée française du général Maistre est chargée de l'opération, afin de refouler sur 12 kilomètres le front allemand au sud de l'Ailette. Sur un front de 12 kilomètres, les troupes françaises engagent 8 divisions, 2000 pièces d'artillerie, trois groupes de chars d'assaut. Les Allemands opposent 9 divisions et 1000 canons ou mortiers. Organisée dans ses moindres détails, l'offensive de La Malmaison est le cas concret de la nouvelle tactique d'infanterie mise au point par Pétain et caractérisée par une adaptation systématique des objectifs aux moyens.

Le 23 octobre 1917, les divisions françaises attaquent chacune sur un front de de 1500 mètres, avec leurs trois régiments accolés, dont les bataillons, en colonne, se relèveront sur chaque objectif intermédiaire. Ainsi, une véritable noria d'unités fraîches maintiendra la puissance du coup de boutoir. Les artilleries divisionnaires ayant été triplées, chaque bataillon d'attaque est précédé d'un barrage roulant alimenté par deux groupes d'artillerie. L'offensive se déroule remarquablement.

Le 23 octobre 1917, à 6 heures, trois quart d'heure après le départ de l'attaque, le fort de La Malmaison est enlevé sans coup férir par un bataillon du 4ᵉ régiment de zouaves aux ordres du commandant et futur général Henri

Giraud. Le 24, la 126ᵉ division d'infanterie occupe le plateau de Moizy jusqu'au mont des Singes. Le 25, les chasseurs alpins du général Brissaud-Desmaillet (66ᵉ DI), dont le 27e BCA, atteignent Pargny et patrouillent sur l'Ailette, où, le 2 novembre, les Allemands se replient après avoir abandonné aux troupes françaises victorieuses 12 000 prisonniers, dont 200 officiers, 750 mitrailleuses, 210 canons et 222 mortiers. Les pertes militaires françaises s'élèvent à 4000 tués et 10 000 blessés. Les Allemands déplorent 8000 tués et 30 000 blessés. Un véritable succès pour l'armée française, qui a progressé de 12 kilomètres : 14 000 soldats français hors de combat (tués ou blessés) contre 50 000 soldats allemands, en comptant les prisonniers.

Lors de cette offensive victorieuse, le 27e bataillon de chasseurs alpins (BCA) s'empare, le 23 octobre 1917, de la tranchée du Fanion et capture un officier, vingt grenadiers de la Garde impériale prussienne et d'une mitrailleuse. Le 25 octobre, l'attaque reprend. Deux compagnies du 27e BCA progressent sur la colline de Parny-Fillain et atteignent le bord du village du même nom. Cette avance rapide, qu'aucune préparation d'artillerie n'a laissé prévoir, déconcerte l'ennemi. Plusieurs groupes de soldats allemands s'enfuient précipitamment de Pargny-Fillain et sont immédiatement pris sous le feu des mitrailleuses français tenant les hauteurs. La poursuite de l'ennemi en déroute se déclenche. Des soldats allemands, qui tentent de résister dans les caves du village, sont cernés et attaqués à la grenade. L'objectif est atteint, voir même dépassé : le soir même une patrouille borde l'Ailette. La meilleure division de la Garde impériale prussienne est vaincue par la 66e division d'infanterie, où lutte avec fougue le 27e BCA, qui est cité ainsi à l'ordre de l'armée : « Le 23 octobre 1917, le 27e BCA a su, malgré le bombardement violent et le tir rasant des mitrailleuses, opérer dans un ordre parfait la conquête de la position assignée à sa mission. Le 25, il s'est ensuite porté, sous les ordres du commandant Pigeaud, à l'assaut de Parny-Fillain et a réalisé, sur un front de 400 mètres, une avance de 1300 mètres. Il a capturé, au cours de l'action, 107 prisonniers, dont un officier, 10 mortiers, 5 canons et 30 mitrailleuses. »[32]

De son côté, Albert Rocher est inscrit au tableau d'honneur de la Médaille militaire avec la citation suivante : « Chasseur d'une bravoure légendaire, qui a pris

---

[32] *Historique du 27e bataillon alpin de chasseurs à pied pendant la guerre 1914-1918*, imprimerie Berger-Levrault s.d.

une part active à tous les combats livrés par son bataillon. Il a été pour tous, dans les circonstances les plus difficiles, un exemple de bravoure et d'intrépidité. Il s'est brillamment comporté au cours des combats des 23 au 27 octobre 1917, par son audace et son mépris du danger. »[33]

Le 27e BCA part se reformer du côté de Lure. Le 28 novembre 1917, le général Pétain le passe en revue et décore son glorieux fanion de la fourragère aux couleurs de la Médaille militaire. Le 11 décembre, il est envoyé sur le front des Vosges et de l'Alsace, dans le secteur de Sicurany-Collardelle, non loin du Vieil-Armand, où il accomplit plusieurs coups de main, avec souvent à sa tête le chasseur Albert Roche.

L'année 1917 se termine sur les sommets enneigés des Vosges et de l'Alsace pour Albert Roche, qui va activement participer avec son bataillon à la victoire de 1918.

Le général Philippe Pétain de 1917 a incontestablement redonné à l'armée française ses lettres de

---

[33] *Archives militaires françaises*, Vincennes. *Archives de la famille d'Albert Roche*, déposées à la mairie de Réauville.

noblesse. Un rapport militaire du 10 novembre 1917 dresse le constat suivant : « Pour la troupe et les hommes politiques, le général Pétain apparaît un comme un « havre de grâce ». Face au problème de la guerre, il réévalue à froid ses moyens, réagit contre l'irréalisme de son prédécesseur et décide d'appliquer une nouvelle tactique offensive, plus puissante en artillerie et en chars d'assaut. Face au problème moral, il résiste à ceux qui veulent maintenir une autorité inhumaine. Il n'étouffe pas les cris, il les écoute, puis les assourdit peu à peu ; il sait éteindre directement et sans brutalité la pâte humaine. Par contre, il s'oppose à ceux qui contrarient l'action du commandement en acceptant des revendications anarchiques et il n'hésite pas à condamner certains articles excessifs de la presse « patriotarde » qui portent, eux aussi, atteinte au moral de l'armée. Lors de cette crise qui a secoué le pays, l'armée française a le rare bonheur d'être dirigée par un chef remarquable, qui sait comprendre sa souffrance et lui rendre la conscience de sa mission.

« Remarquable, Pétain l'est par son allure même : de haute stature, bâti en force, insensible à la fatigue, il s'impose par la majesté naturelle de son maintien comme par la froideur calculée de son accueil. Remarquable, il l'est par la somme des dons de l'esprit qui révèle dans un visage de marbre un regard intensément expressif. En fait, il y a alors chez lui une coexistence de facultés humaines, dont il joue avec le plus sûr instinct selon les circonstances. C'est essentiellement une énergie exempte de brutalité, une ténacité qui n'est pas entêtement, une sensibilité sans faiblesse et une doctrine d'action constamment orientée vers la protection de l'infanterie.

« Ce culte de l'infanterie qui l'a opposé aux fameuses théories de l'offensive à outrance, Pétain l'observe déjà en tout temps, et déjà en 1914 ses contre-attaques à la tête de la 4e brigade, puis de la 6e division comptent parmi les plus efficaces et les moins coûteuses. Lorsque, en 1915, il monte l'attaque du 33e corps d'armée en Artois, il règle minutieusement le soutien de l'artillerie à ses fantassins, qui, après une action foudroyante, s'emparent de la crête de Vimy. En 1916, il sauve Verdun par une habile défense des positions, une mécanique parfaitement réglée de la relève de l'infanterie, un renforcement considérable de l'artillerie, un remarquable ravitaillement dans tous les domaines, une utilisation appropriée des voies de communication. Ses succès récents de 1917, témoignent également de sa parfaite adaptation à la guerre moderne, permettant à l'armée française d'atteindre ses objectifs, avec un minimum de casse, en affligeant à l'ennemi des pertes considérables. »[34]

En avril 1917, les États-Unis entrent en guerre aux côtés des Alliés. Cependant, la crise morale, qui frappe l'armée française en 1917, affecte l'Europe entière. Des mutineries se multiplient dans les rangs des troupes russes, italiennes, austro-hongroises et même allemandes. L'armée britannique, qui déplore 749 000 soldats hors de combat (tués ou blessés) pour l'unique année 1917, n'est pas en mesure de passer de nouveau à l'offensive. L'Allemagne et l'Autriche-Hongrie, frappées par le blocus économique, des émeutes et des grèves, tentent vainement d'obtenir une paix de compromis avec les Alliés. Le défaitisme gagne une partie de la classe politique européenne, provoquant des changements de gouvernement en France, en Allemagne et en Autriche. Cependant les partisans de la guerre l'emportent, comme Clemenceau en France.

La Révolution russe de 1917 provoque rapidement l'effondrement d'une bonne partie de l'armée impériale du tzar Nicolas. La Russie quitte définitivement la guerre en mars 1918, en signant un traité de paix avec l'Allemagne.

---

[34] *Archives militaires françaises*, Vincennes.

Les vaillantes troupes russes, engagées dans des offensives suicidaires, déplorent 1 700 000 soldats tués, et le double de blessés, d'août 1914 à mars 1918. En fixant une soixantaine de divisions allemandes et une cinquantaine de divisions austro-hongroises sur le front oriental, l'armée russe a rendu un immense service aux troupes alliés luttant sur le front occidental. Environ 450 000 soldats allemands et 600 000 soldats austro-hongrois ont été tués sur le front oriental, d'août 1914 à mars 1918. Désormais libérée du front russe, l'armée allemande peut considérablement se renforcer sur le front français et passer à l'offensive.

IV

1918-1939

Fin mars 1918, Albert Roche et le 27e bataillon de chasseurs alpins (BCA) quittent le front des Vosges et de l'Alsace pour rejoindre la vallée de l'Oise. Bénéficiant désormais de la supériorité numérique sur le front occidental, suite à la défection de la Russie, le général allemand Ludendorff décide de forcer la victoire à l'Ouest avant l'arrivée des renforts américains.

Le 21 mars 1918, l'offensive allemande, attendue depuis des semaines par les Alliées, tombe en Picardie sur l'armée britannique, affaiblie par les durs combats de 1916 et de 1917. Pour empêcher le maréchal anglais Douglas Haig de poursuive ses sanglantes offensives, David Lloyd George, premier ministre de Grande-Bretagne, a décidé de bloquer les renforts britanniques en Angleterre. Au lieu des 80 divisions britanniques prévues en France au début de l'année 1918, seulement 56 divisions combattent sur ce théâtre de guerre. De plus, la plupart des divisions britanniques sont en sous effectifs. Des Flandres à Verdun, l'armée allemande masse en première ligne 192 divisions contre 171 divisions alliées, dont 99 divisions françaises, 56 divisions britanniques, 12 divisions belges, 2 divisions portugaises et 2 divisions américaines.

Le plan offensif, adopté par Ludendorff est judicieux. Le terrain s'y prête : les grands plateaux de Santerre au sud d'Arras, relativement découverts et suffisamment secs en cette fin d'hiver, proches des bases maritimes britanniques comme de la jointure entre les armées britanniques et françaises, permettant une exploitation aussi bien vers le nord-ouest que vers le sud-ouest.

Sur un front de 70 kilomètres, en Picardie, entre Arras et Noyon, Ludendorff masse 63 divisions et 6200 pièces d'artillerie, réparties en trois armées. En face, le maréchal Haig ne peut opposer que 19 divisions en première ligne et 10 autres maintenues en réserve. L'artillerie anglaise se limite à 2500 canons dans ce secteur.

Le jeudi 21 mars 1918, à 4 heures 40, les 6200 canons allemands ouvrent le feu. La préparation allemande d'artillerie est de courte durée mais d'une extrême intensité : 80 minutes de bombardement massif à obus toxiques sont suivies de plus de 3 heures de feu roulant à obus explosifs.

Au lieu de fixer des objectifs successifs et des étapes dans la progression, la tactique allemande adopte systématiquement l'infiltration des groupements d'assaut de toutes armes : fusiliers, mitrailleurs, lance-flammes, mortiers et canons d'accompagnement, permettant de pousser la puissance de feu le plus en avant possible. Ces groupes d'assaut sont lancés vers des objectifs lointains, qu'ils doivent atteindre rapidement, sans se soucier de leurs flancs ni de leurs arrières. Derrière eux, les poches de résistance dépassées sont réduites par d'autres unités et les réserves sont poussées où la progression se poursuit. C'est la division qui mène la bataille avec les chefs des bataillons d'assaut : les commandements intermédiaires ne sont que des échelons de ravitaillement et des répartitions des renforts.

Le 21 mars, à 9 heures, par un épais brouillard, les troupes allemandes d'assaut s'infiltrent dans les lignes britanniques durant le pilonnage d'artillerie et de très nombreux défenseurs sont surpris dans leurs abris. En quelques heures, le front s'effondre totalement et les Allemands s'enfoncent profondément vers l'ouest en capturant, pour l'unique journée du 21 mars, 60 000 soldats britanniques !

L'avance allemande se poursuit les jours suivants, sur un rythme irrésistible. Du 22 au 25, l'armée allemande franchit la Somme entre Ham et Péronne, qui, comme Bapaume, sont dépassés. Du 21 mars au 5 avril 1918, les Allemands effectuent une percée d'environ cent kilomètres, s'emparent de Montdidier et font 90 000 prisonniers britanniques. L'armée anglaise, au bord de l'effondrement, est obligée d'appeler au secours l'armée française.

Les généraux Pétain et Foch, très prévoyants, ont constitué le groupe d'armées de réserve du général Fayolle, formé de trois armées (généraux Debeney, Humbert et Duchêne), dont l'ensemble représente une trentaine de divisions françaises. Ces importants renforts français entrent progressivement en ligne dès le 26 mars et sauvent l'armée britannique d'un désastre, en parvenant à bloquer les Allemands. Finalement, l'offensive allemande meurt à quelques kilomètres d'Amiens et de Compiègne. Dès le 24 mars, Pétain décide d'engager massivement son aviation dans la bataille, qui ralentit sérieusement le mouvement des

Allemands : 2800 avions français viennent épauler 1200 appareils britanniques, opposés à 2900 avions allemands. Ludendorff doit suspendre son action en Picardie.

L'offensive allemande du 21 mars 1918 a failli provoquer l'effondrement total du front allié. Pour mieux coordonner leurs troupes, les Alliés se rencontrent à Doullens, le 26. D'un commun accord, le général français Ferdinand Foch devient le commandant en chef des forces armées alliées sur le front occidental, tandis que le général Pétain le seconde en tant que commandant en chef des armées françaises et le maréchal Haig fait de même du côté britannique.

Ludendorff, désirant en finir au plus vite avec l'armée britannique pour ensuite écraser sa principale rivale qu'est l'armée française, lance une nouvelle offensive sur un front de 40 kilomètres, entre Ypres et Béthune, au nord d'Arras, dans les Flandres, afin de s'ouvrir la route des ports du Pas-de-Calais. Le 9 avril 1918, une quarantaine de divisions allemandes, soutenues par une puissante artillerie, balayent en quelques heures 2 divisions portugaises et une dizaine de divisions britanniques. Le soir même, après une avance de dix kilomètres et la capture de 6000 soldats britanniques et portugais, l'armée allemande franchit la Lys en plusieurs endroits.

Les troupes allemandes progressent d'une cinquantaine de kilomètres en quelques jours. Finalement, les renforts français sauvent une fois de plus les Britanniques d'un désastre. Dès le 15 avril 1918, l'armée française de réserve du général de Mitry, forte de 8 divisions, entre en ligne pour défendre les monts des Flandres. Son action décisive permet de refouler les troupes allemandes, où s'illustrent particulièrement les 28e et 39e divisions françaises des généraux Madelin et Massenet. L'offensive allemande est définitivement brisée le 1er mai.

Les troupes américaines, limitées alors à 4 divisions constituées en Lorraine, ne sont pas intervenues lors des batailles décisive de Picardie et des Flandres, de mars à avril 1918, où 38 divisions françaises, engagées en renforts, ont joué un rôle capital dans le rétablissement des troupes britanniques. Le maréchal Haig doit même dissoudre 10 divisions britanniques décimées, obligeant le général Pétain à allonger son front de 97 kilomètres. Du 21 mars au 1er mai 1918, l'armée britannique totalise 418 000 soldats hors de combats, victimes des deux offensives allemandes de Ludendorff.

Le 2 mai 1918, on compte sur le front français 12

divisions belges, 46 divisions britanniques, 110 divisions françaises, 4 divisions américaines, 2 divisions italiennes contre 204 divisions allemandes. Sur un front d'environ 950 kilomètres, l'armée française est positionnée sur plus de 800 kilomètres ! Des chiffres qui permettent de mesurer l'immense effort consenti par la France à ce moment décisif de la guerre, et qui balayent les élucubrations avancées par certains historiens affirmant que l'armée américaine aurait joué un rôle décisif durant cette période : ce qui est faux !

Le 20 avril 1918, Albert Roche et le 27e BCA (bataillon de chasseurs alpins) quittent la vallée de l'Oise et, par étapes, gagne la région de Beauvais. Dans la nuit du 4 au 5 mai, le 27e BCA relève un bataillon du 34e régiment d'infanterie dans le bois Sénécat. Roche et ses compagnons de combat doivent enlever d'assaut un important observatoire allemand. Le 14 mai, ils tentent de s'emparer de la position en question, qui domine le champs de bataille, permettant aux Allemands de pilonner les tranchées françaises avec précision. Après trois jours et trois nuits de combats, les Allemands doivent reculer devant la fougue déployée par le 27e BCA. Une citation à l'ordre de la division vient récompenser cet effort. Le 27e BCA passe en réserve, afin de renforcer l'organisation de la position intermédiaire.

Dans la nuit du 8 au 9 juin 1918, Albert Roche et son bataillon remontent en première ligne sur le plateau de Rouvrel. Roche se distingue lors de nombreuses patrouilles, ainsi qu'en transmettant, en tant qu'agent de liaison, d'importants messages aux diverses sections et compagnies du bataillon. Agile, souple et rapide, malgré les bombardements d'artillerie et les tirs des mitrailleuses, il s'oriente avec succès sur un terrain dévasté par les combats. Du 20 au 25 juin, le 27e BCA est de nouveau en réserve. Il remonte en ligne dans la nuit du 10 au 11 juillet, afin de prendre part à l'attaque générale menée par la 66e division. Sa mission est de s'emparer du bois Gros-Hêtre et, si possible, de s'installer en lisière du bois Billot. Le 12 au matin, après une courte préparation d'artillerie, l'attaque se déclenche.

« D'un seul bond, officiers et chasseurs, rapporte l'historique du 27e BCA, franchissent le parapet dans un ordre parfait et s'élancent sur l'objectif à conquérir. Des mitrailleuses ennemies, situées dans la tranchée du Tank, les arrêtent un moment. Mais les chasseurs sont splendides de sang-froid et d'audace, les mitrailleuses sont enlevées, les mitrailleurs tués sur les pièces. La tranchée du Tank est atteinte, sa garnison détruite. La première résistance est forcée, les compagnies de tête reprennent la marche en avant, atteignent le bois du Gros-Hêtre et la tranchée de Francfort, après un combat acharné. »[35]

Des reconnaissances, menées notamment par Albert Roche, rendent compte que les Allemands tiennent solidement le bois Billot. La position est enlevée d'assaut peu après. Le 27e bataillon de chasseurs alpins (BCA) est cité à l'ordre de l'armée, après cette nouvelle action d'éclat : « Sous les ordres du commandant Richier, le 27e BCA a réussi, grâce à ses qualités manœuvrières et au moral élevé de ses chasseurs, à s'emparer, malgré les tirs rasants des mitrailleuses, des deux objectifs successifs qu'il était chargé d'enlever. Il a réalisé une avance de près de 2 kilomètres, faisant 80 prisonniers, capturant 12 mitrailleuses et un important matériel. »[36]

Le 31 juillet 1918, Albert Roche est de nouveau cité à l'ordre de la division : « Agent de liaison, modèle de courage, de bravoure et de dévouement, il n'a pas cessé de

---

[35] *Historique du 27e bataillon alpin de chasseurs à pied pendant la guerre 1914-1918*, imprimerie Berger-Levrault s.d.

[36] *Historique du 27e bataillon alpin de chasseurs à pied pendant la guerre 1914-1918*, imprimerie Berger-Levrault s.d.

circuler avant et pendant l'attaque à travers un terrain violemment battu par les feux d'artillerie et des mitrailleuses. »[37]

Du 6 au 10 août 1918, le 27e BCA est en position d'attente dans le bois des Rayons, puis va au repos à Courcelles-sur-Thois. Il quitte le front de la Somme pour rejoindre celui de l'Aisne. Il va acquérir de nouveaux titres de gloire, lors des combats d'août et septembre 1918, dans la région du sud-ouest de Laon, le pivot de la résistance allemande sur le front occidental. Le 30 août, le bataillon attaque la ligne fortifiée allemande Hindenburg, truffée de fortins bétonnés, d'artillerie et de mitrailleuses. Malgré une résistance acharnée de l'ennemi, le 27e BCA s'empare de la tranchée de La Bécasse, continue à progresser vers la pente ouest du ravin de Ribandes, où ses éléments avancés parviennent à prendre pied.

Le 31 août 1918, Albert Roche, toujours à la pointe des combats, est blessé par un éclat d'obus au bras droit. Malgré sa blessure, il est de nouveau en première ligne peu

---

[37] *Archives militaires françaises*, Vincennes. *Archives de la famille d'Albert Roche*, déposées à la mairie de Réauville.

de temps après. Le 3 septembre, il est fait chevalier de la Légion d'Honneur, avec la citation suivante : « Chasseur dont la bravoure est légendaire au bataillon, il fait preuve dans les circonstances les plus difficiles d'un mépris absolu du danger, conserve un calme absolu aux moments les plus critiques, a donné à ses camarades l'exemple de l'entrain, exalte leur courage et représente pour ses chefs un auxiliaire précieux. Pendant les opérations d'août 1918, il a réussi comme agent de liaison à transmettre à toutes les sections de sa compagnie les ordres du commandant, n'hésitant devant aucun danger, triomphant des difficultés de toutes sortes, montrant un rare esprit et une rare conscience au-dessus de tout éloge. »[38]

Le 4 septembre 1918, le 27e BCA collabore à la prise du mont des Tombes et pousse une reconnaissance jusqu'au pont de Courçon qu'il occupe. Le 6, il continue à gagner du terrain, atteint les tranchées de Lorient et de Léparge. Le 7, la position allemande de La Corne, au nord-est de Vauxaillon, est conquise. Les jours suivants, les contre-attaques allemandes sont toutes repoussées. Le

---

[38] *Archives militaires françaises*, Vincennes. *Archives de la famille d'Albert Roche*, déposées à la mairie de Réauville.

bataillon est relevé dans la nuit du 16 au 17 septembre, et cité à l'ordre de l'armée : « Bataillon d'élite qui, sous les ordres du commandant Richier, puis du capitaine Charpentier, a justifié une fois de plus sa réputation de troupe de choc incomparable. Engagé le 31 août sur une partie du front particulièrement résistante, a entamé les lignes ennemies dès le premier jour, puis a mené la poursuite avec une ténacité et une souplesse manœuvrière des plus remarquables. A fait au cours de ces journées de combat : 85 prisonniers dont l'officier, capturant 25 mitrailleuses et un important matériel. »[39]

Après une période de repos pour Albert Roche et son bataillon à Berneuil-sur-Aisne, le 27e BCA, sous les ordres du commandant Tessier, participe à l'offensive franco-britannique du canal de la Sambre. Le 17 octobre 1918, dans un élan magnifique, le 27e BCA s'empare de la ferme Sanière, d'une batterie de canons de 105 mm et capture de nombreux prisonniers allemands. Le 18, Roche et son bataillon talonnent un ennemi en pleine retraite et atteignent au petit jour le canal de la Sambre, d'Hannapers à

---

[39] *Historique du 27e bataillon alpin de chasseurs à pied pendant la guerre 1914-1918*, imprimerie Berger-Levrault s.d.

Vénérolles. Le canal est franchi le 4 novembre, permettant une nouvelle progression des troupes françaises.

Le 11 novembre 1918, la Première Guerre mondiale prend fin avec la signature de l'armistice. L'Allemagne est vaincue. Le 27e BCA est cité à l'ordre de la division dans les termes suivants : « Bataillon d'élite qui depuis le début de la campagne n'a cessé de se distinguer sur tous les champs de bataille. Le 20 octobre 1918, sous les ordres du commandant Tessier, lancé à la poursuite de l'ennemi comme bataillon d'avant-garde, a fait un brillant passage de lignes, bousculant l'ennemi sur une profondeur de 3 kilomètres de terrain sur la rive ouest du canal de la Sambre et occupant le village de Vénérolles. Le 4 novembre, sous les ordres du capitaine Bastianelia, a puissamment aidé au succès de l'attaque des deux autres bataillons de son groupe. Au cours de ces opérations a capturé : 62 prisonniers, 30 mitrailleuses lourdes et légères, 6 pièce de 105, un nombreux matériel de toute sorte. Ce bataillon est déjà titulaire de six citations à l'ordre de l'armée (fourragère rouge) et d'une citation à l'ordre de la division. »[40]

---

[40] *Historique du 27e bataillon alpin de chasseurs à pied pendant la guerre 1914-1918*, imprimerie Berger-Levrault s.d.

Durant toute la durée de la guerre, Albert Roche est blessé neuf fois, fait 1 180 prisonniers allemands à lui tout seul ! À chaque fois, il refuse d'être envoyé à l'arrière pour y être soigné. Un jour, il s'opère lui-même pour s'extraire une balle. À la fin du conflit, il a seulement 23 ans. Le 27 novembre 1918, il est présenté à l'hôtel de ville de Strasbourg par le maréchal Ferdinand Foch devant une foule immense : « Alsaciens, je vous présente votre libérateur Albert Roche. C'est le premier soldat de France ! » Peu de temps auparavant, Foch a découvert avec admiration les remarquables états de service d'Albert Roche, qui termine la guerre avec la Légion d'honneur, la Médaille militaire, la Croix de combattant volontaire et la Croix de guerre avec 4 palmes et 8 étoiles. Il est également titulaire de douze citations, dont quatre à l'ordre de l'armée. Il est invité à la table du général Mangin, reçu par de nombreux généraux français et alliés. En 1920, il fait partie des onze soldats français désignés pour choisir le soldat inconnu, puis porte avec sept de ses camarades le cercueil de celui-ci lors de la cérémonie officielle à l'Arc de Triomphe à Paris. Albert Roche fait également partie de la délégation française, conduite à Londres en 1925 par le général Gouraud, pour assister aux obsèques du maréchal britannique Lord French. Il est convié à la table du roi d'Angleterre Georges V avec cinq autres représentants de l'armée française.

Albert Roche est demandé partout, mais las des honneurs, il décide de rentrer chez lui à Valréas dans le Vaucluse, où il travaille comme cantonnier. Il y épouse un fille de Colonzelle, de la Drôme voisine, puis découvre le bonheur d'être père. Par décret du 30 juin 1937, il est promu officier de la Légion d'Honneur. L'année suivante, on le rappelle des classes. Mais trop âgé cette fois pour monter en ligne, on l'affecte à la poudrerie de Sorgues, comme pompier. Tous les soirs, il rentre chez lui.

Le 13 avril 1939, le pompier Albert Roche, héros de 14-18 et officier de la Légion d'Honneur, prend l'autocar municipal à Sorgues. Il s'apprête à traverser la chaussée. Une voiture folle le fauche. Il s'agit de l'automobile de l'ancien président de la Troisième République Émile Loubet ! Transporté d'urgence à l'hôpital Sainte-Marthe d'Avignon, il y décède le 14 avril, à cinq heures du matin, à l'âge de 44 ans. Edouard Daladier demande que les honneurs militaires lui soient rendus lors des obsèques. D'abord inhumé à Sorgues, le corps d'Albert Roche est transféré, le 22 septembre 1967, au cimetière Saint-Véran d'Avignon, où il repose toujours. En 1971, la municipalité de Réauville fait ériger un buste à sa mémoire devant sa maison natale.

Ainsi est mort le premier soldat de France du 27e bataillon de chasseurs alpins. Cet homme a traversé près de quatre ans de guerre, a été neuf fois blessé, a capturé 1180 soldats allemands, a mille fois frôlé la mort, a bien failli être injustement fusillé comme « déserteur ». Il a échappé à tous les dangers, à tous les combats. Il a résisté aux bombardements d'artillerie, aux attaques aux gaz, aux charges à la baïonnette, aux grands froids des tranchées, à la grippe espagnole. Il se fait tuer plus de vingt ans plus tard, fauché par une voiture civile.

DOCUMENT ANNEXE I

LA VICTOIRE FRANCAISE DE MAI-AOUT 1918 : TOURNANT DE LA GUERRE

En mai 1918, le général allemand Ludendorff estime désormais que pour vaincre définitivement les Alliés sur le front occidental, il doit impérativement écraser l'armée française, sa principale rivale. L'armée britannique, assommée et décimée par les deux précédentes offensives allemandes en mars et avril 1918, ne tient ses positions que grâce au soutien de 47 divisions françaises, ce qui a pour conséquence de dégarnir le front central du Chemin-des-Dames, où les troupes françaises sont moins nombreuses. Ludendorff compte frapper les Français dans ce secteur, marqué par de violents combats en 1917.

Une puissante offensive allemande

C'est au Kronprinz impérial qu'est confiée, le 17

avril 1918, la direction de la nouvelle offensive, sur les 90 kilomètres du front du Chemin-des-Dames. Deux armées allemandes, alignant 43 divisions et 4000 pièces d'artillerie, doivent passées à l'assaut le 27 mai. En face, la 6e armée française du général Duchêne ne dispose que de 15 divisions et 1500 pièces d'artillerie. À 1 heure du matin, le bombardement à obus toxiques et classiques s'abat sur les positions françaises. À 3 heures 40, l'infanterie allemande s'avance derrière le barrage roulant de son artillerie. Malgré l'alerte donnée le 26 mai par deux prisonniers allemands, la surprise est totale. Elle se double d'une mauvaise conduite de la défense. Malgré les ordres formels de Pétain, Duchêne, bien que disposant d'effectifs réduits, a bourré ses troupes en première ligne, sans effectuer de systèmes défensifs en profondeur, condamnant ainsi son infanterie au massacre en cas de barrage d'artillerie de l'ennemi. Il y a plus grave, les ponts du canal de l'Ailette et de l'Aisne n'ont pas été détruits. Si bien que dès le premier jour de l'offensive le front français est enfoncé.

Les Allemands atteignent la Marne

Les Allemands abordent la Vesle à Fismes et ne s'arrêtent, après un bond de 20 kilomètres, que sur les plateaux au sud de cette rivière. Pétain mesure tout de suite l'ampleur du désastre. Il rameute la 5ᵉ armée françaises du général Micheler et décide de s'accrocher à tout prix sur les plateaux de Soissons, comme sur la montagne de Reims, dont il pense déjà se servir comme basse de contre-attaque. Mais le 30 mai, les Allemands atteignent la Marne entre Dormans et Château-Thierry. Foch met à la disposition de Pétain la 10ᵉ armée française du général Maistre, rappelée de Picardie. L'offensive allemande se heurte à une résistance acharnée du côté de Soissons et de Reims. L'aviation française de bombardement s'acharne sur toutes les concentrations ennemies.

Le 1ᵉʳ juin 1918, la 10ᵉ armée française assure la défense de la forêt de Villers-Cotterêts, où les chars Renault FT 17 se distinguent particulièrement en refoulant l'infanterie allemande à Chaudun et à Berzy-le-Sec. Dans la soirée, les Allemands du groupement d'assaut von Conta parviennent cependant à s'emparer de Château-Thierry, défendu par les coloniaux de Marchand, soutenus par des mitrailleurs américains. Après avoir progressé de 50 kilomètres en trois jours, l'armée allemande, à bout de souffle, ne parvient pas à franchir la Marne, malgré l'engagement de 3 nouvelles divisions. Paris à 70 kilomètres redevient l'objectif principal de Ludendorff.

La fougueuse contre-attaque française

Le 9 juin 1918, à 4 heures, 13 division allemandes passent à l'attaque, sur 30 kilomètres, entre Noyon et Montdidier. La 3e armée française du général Humbert a pris ses dispositions pour recevoir l'assaillant. Les 5 divisions français parviennent à repousser les 13 divisions allemandes. Le 10, le général Fayolle, commandant le groupe français d'armées de réserve, décide de passer à l'action. Le lendemain, 5 divisions françaises, soutenues par 163 chars d'assaut et la 1ère division aérienne, contre-attaquent avec fougue. Le coup est si violent que Ludendorff ordonne à ses divisions maintenues en réserve d'appuyer au plus vite les troupes de première ligne. Les nombreux chars français Renault FT17, Saint-Chamond et Schneider refoulent partout les Allemands. L'infanterie française fait de nombreux prisonniers.

Ultime offensive allemande

Du 27 mai au 14 juin 1918, Ludendorff a perdu 400 000 soldats contre l'armée française et, pour maintenir le nombre de ses bataillons, a dû en réduire l'effectif aux environs de 600 soldats sur les 1200 initiaux. Il a hâte de revenir à son objectif initial d'écraser définitivement l'armée britannique dans les Flandres. Mais il juge les réserves françaises insuffisamment consommées et décide de lancer une ultime offensive en Champagne avec 39 divisions. En face, 30 divisions françaises, 6 divisions américaines et 2 divisions italiennes s'apprêtent à riposter au plus vite. Pour éviter la déconvenue du Chemin des Dames du 27 mai, le général Pétain ordonne l'abandon temporaire de la première ligne de défense, réduite à de simples avant-postes, et exige une résistance à outrance sur la seconde position. L'artillerie allemande doit ainsi gaspiller ses munitions sur des positions dégarnies de troupes.

Le 15 juillet 1918, à 5 heures 30, après quatre heures de bombardement, les divisions allemandes passent à l'assaut et découvrent les tranchées françaises de première ligne vides de tout occupant. La seconde position françaises, intacte, oppose une résistance farouche qui décime les assaillants. Des combats acharnés se livrent notamment à Perthes. Les troupes françaises, américaines et italiennes contre-attaquent et repoussent avec succès l'armée allemande. Neuf nouvelles divisions françaises, conduites en partie par l'ardent général Gouraud, balayent les dernières troupes allemandes. L'offensive allemande est définitivement repoussée. Ludendorff a perdu l'initiative des opérations.

Le tournant de la guerre sur le front occidental

Le 18 juillet 1918, tournant de la guerre sur le front occidental, 19 divisions françaises, 6 divisions américaines, 2 divisions italiennes et 2 divisions britanniques, appuyées 492 chars français, dont 250 excellents Renault FT17, 3000 pièces d'artillerie et 850 avions, contre-attaquent entre l'Aisne et la Marne.

Couvertes par les forêts de Villers-Cotterêts et de Compiègne, les troupes alliées débouchent, à 4 heures 35, quasiment sans préparation d'artillerie, afin de surprendre l'ennemi. Fantassins et chars alliés progressent rapidement et enfoncent le centre allemand entre Dammard, Villers-Hélon et Vierzy. L'armée française capture lors de cette unique journée 10 000 prisonniers allemands. Le soir même, l'avance dépasse 10 kilomètres sur 50. Elle se poursuit le lendemain et le surlendemain. Les Allemands abandonnent Château-Thierry le 21. Par une brillante action, le 67ᵉ régiment français d'infanterie chasse le 79ᵉ régiment prussien d'infanterie du village de Villemontaine, le 25.

Plus au sud, les Alliés arrivent sur Fère-en-Tardenois et Ville-en-Tardenois. Dans la nuit du 27 au 28, l'armée allemande s'éloigne de cette Marne qui, pour la seconde fois, lui est funeste. Le 2 août, des soldats français de la 11ᵉ division d'infanterie pénètrent dans Soissons. Les soldats des généraux français Mangin, Degoutte et Berthelot bordent l'Aisne, puis la Vesle, de Braine à Reims. La victoire française est totale. Les troupes françaises ont capturé 35 000 prisonniers allemands, 700 canons et libéré 200 villages. Du 18 juillet au 2 août 1918, on compte 125 000 tués ou blessés dans les rangs français et 168 000 chez les Allemands. L'action massive des chars français Renault FT17 a été décisive dans la défaite allemande. Une soixantaine de divisions françaises ont été engagées lors de ces opérations, ainsi que 6 divisions américaines, 2 divisions britanniques et 2 divisions italiennes. Une fois de plus, comme on peut le constater par les chiffres, l'armée française a joué un rôle essentiel dans cette victoire décisive.

Pour la perte de 558 000 soldats (tués, blessés, disparus et prisonniers) de son côté, l'armée française a mis hors de combat 856 000 soldats allemands, de mars à juillet 1918. En mai 1918, on comptait 204 divisions allemandes sur le front français, contre 180 divisions alliées, dont 110 divisions françaises. Le 6 août 1918, Foch est fait maréchal de France.

Assez curieusement, l'historiographie anglo-américaine attribue la seconde victoire de la Marne de juillet 1918 à l'engagement massif des troupes américaines. Or, sur 27 divisions américaines disponibles à ce moment, seulement 6 ont participé à cette bataille. Il faut attendre le 10 août 1918, pour que la 1ère armée américaine, du général Pershing, soit constituée avec 16 divisions, dont 8 ayant l'expérience du combat. La 1ère armée américaine se voit attribuer, le 26 août, le secteur de Saint-Mihiel, représentant 50 kilomètres de front. La France livre à son allié américains 260 chars, 4 000 canons et autant d'avions. L'essentiel du matériel lourd américain est français. En août 1918, avec 110 divisions en ligne, l'armée française tient 720 kilomètres des 950 kilomètres du front occidental.

D'août à novembre 1918, les puissantes offensives alliées refoulent partout les Allemands jusqu'à la frontière belge. L'Allemagne, reculant de 70 à 200 kilomètres, est contrainte de signer un armistice le 11 novembre 1918. La guerre est gagnée pour les Alliés sur le front occidental.

Arme clef de la victoire : le char Renault FT 17

Sous l'impulsion du colonel, futur général, Jean-Baptiste Estienne qui a depuis 1915, et parallèlement au colonel britannique Swinton, défendu puis fait admettre l'utilité du char d'assaut, l'industrie française met au point deux types de blindés : le Schneider et le Saint-Chamond, tous deux armés d'un canon de 75 mm en caisse et non en tourelle, plus deux mitrailleuses pour le premier et quatre pour le second.

Le Schneider pèse 13,5 tonnes et comprend un équipage de 7 hommes. Il peut atteindre la vitesse de 8 km/h. Une poutrelle destinée à casser les fils barbelés lui fait octroyer le surnom de « corne de rhinocéros ». Son confrère, le Saint-Chamond pèse plus lourd : 23 tonnes, mais atteint la même vitesse avec un équipage de 9 hommes.

La France sort ses propres chars dans le courant du mois de septembre 1916, lorsque les tanks britanniques font leur apparition sur le front occidental.

Commandé par Louis Renault et conçu en partie par le colonel Estienne, le char léger Renault FT17 devient le char le plus remarquable de la Première Guerre mondiale, dont la conception extrêmement moderne, avec sa tourelle pivotante, a inspiré tous les chars suivants. Il est l'ancêtre du char de combat moderne, dont sont issus les chars de la Seconde Guerre mondiale.

Le char Renault FT17 est remarquable sur plus d'un point, Louis Renault et le colonel Estienne ont fait œuvre de précurseurs du blindé moderne. Placé à l'arrière, le moteur de quatre cylindres Renault donne une vitesse de 9 km/h, satisfaisante pour un engin de 6,7 tonnes doté d'une autonomie de 40 kilomètres. Le blindage de 22 mm est plus épais que tous les autres chars de l'époque, même les plus lourds (15 mm). Deux hommes d'équipage suffisent, un tireur commandant de char et un conducteur. La tourelle, entièrement mobile sur son axe, peut recevoir un canon de 37 mm ou une mitrailleuse de 8 mm.

Ce type de char est engagé pour la première fois le 31 mai 1918 à Berzi-le-Sec et à Chaudun (forêt de Villers-Cotterêts). Il joue un rôle considérable lors des victorieuses contre-offensives et offensives alliées de l'été et de l'automne 1918. Les Renault sont groupés en bataillons de 63 chars articulés en trois compagnies de 21 chars. À la fin de 1918, la France a fabriqué 3177 chars Renault, dont 440 ont été détruits au combat.

DOCUMENT ANNEXE II

L'AUTRE GUERRE EN MONTAGNE : LE FRONT AUSTRO-ITALIEN OU L'APPORT CAPITAL DE L'ARMÉE ITALIENNE DANS LA VICTOIRE DES ALLIÉS

La Grande Guerre de 14-18 d'Albert Roche s'est déroulée en grande partie sur le front montagneux des Vosges et de l'Alsace. De son côté, Lazare Ponticelli (1897-2008), le plus vieux et dernier poilu, de nationalité franco-italienne, a combattu avec bravoure dans les chasseurs alpins italiens, les célèbres alpini, sur le front austro-italien, dont les combats se sont déroulés sur des sommets enneigés ! Il est intéressant de s'attarder sur cette guerre méconnue du grand public français.

Peu d'armée n'a été aussi injustement critiquée et méprisée que celle de l'Italie. Ses soldats, souvent présentés comme des simples militaires d'opérette, ont pourtant lutté héroïquement, de mai 1915 à novembre 1918, sur le front le plus terrible et le plus difficile de la Première Guerre mondiale, contre des positions montagneuses, très favorables à la défense des troupes austro-hongroises. Soutenus par une faible artillerie, les soldats italiens lancent de nombreuses offensives pour conquérir des sommets, dont certains culminent à 3500 mètres d'altitude !

L'armée italienne aligne des troupes d'élite comme les alpini (chasseurs alpins), corps de montagne particulièrement bien entrainé, et les bersaglieri (tirailleurs), renommés pour leur endurance et la promptitude de leurs mouvements lors des assauts à la baïonnette : 52 bataillons d'alpini et 67 de bersaglieri sont disponibles au début de la guerre. L'adversaire dispose également de troupes d'élite, comme les chasseurs impériaux tyroliens, les chasseurs de montagne et les tirailleurs hongrois, renforcés par les chasseurs bavarois.

« Les alpini (chasseurs alpins italiens) ont été, parmi les troupes spécialisées déployées sur tous les fronts, les plus courageux, les plus tenaces », écrit Rudyard Kipling.[41] Ces qualités ne s'illustrent pas seulement par des coups d'éclat, comme la prise de certains sommets de nuit, à plus de 2000 mètres d'altitude, mais par des tours de force logistique, comme la mise en batterie à la force des bras et à plus de 3000 mètres d'un canon de 149 mm, pesant 9 tonnes, sans compter les munitions. Sur les glaciers, sous un froid quasi polaire et plusieurs mètres de neige, cette guerre méconnue du grand public cause des pertes considérables, liées non seulement aux conditions climatiques et topographiques extrêmes, mais à l'esprit offensif des troupes italiennes, contre des positions jugées imprenables par tous les experts militaires de l'époque, sans oublier la puissance meurtrière de l'armement moderne, avec ses mitrailleuses et ses canons de gros calibres, équipant en quantité l'adversaire austro-hongrois.

Sur les massifs du Marmolada et de l'Adamello, à plus de 3000 mètres d'altitude, une lutte féroce se déroule sur les glaciers : les conditions hivernales sont épouvantables, les températures descendent par endroits à –

---

[41] *Archives militaires italiennes*, Rome.

42 ! Les troupes italiennes creusent des couloirs dans la glace pour conquérir les positions autrichiennes les plus escarpées. Le prix à payer par les alpini italiens est effarant lors de cette lutte en haute-montagne : plus de 50 % des pertes. Sur plus de 240 000 recrues des bataillons d'alpini, on recense 24 876 morts, 76 670 blessés, 18 305 disparus au combat, sans oublier 14 000 morts du fait des avalanches, de la maladie, de l'adversité de la montagne : 133 851 soldats hors de combat au total ! Les pertes autrichiennes sont aussi importantes.

En novembre 1915, dans les cirques montagneux de Plezzo-Tolmino, à plus de 1500 mètres d'altitude, les tentatives italiennes pour déboucher du col du mont Nero sont extrêmement couteuses en vies humaines. La brigade Valtelini perd 800 hommes (tués ou blessés) en quelques minutes ! Les opérations sont entravées par de violentes bourrasques qui brisent le téléphériques de Ceszoca. Les Italiens, fouettés par un vent glacial et une neige abondante, accomplissent des prouesses stupéfiantes sur le pentes des monts Janvrcek, Mzrli et Vodil, après de sanglantes mêlées. La température tombe à -15 °. Le froid et les violentes tempêtes de neige causent les premières gelures graves parmi les Italiens, luttant dans des conditions effroyables.

Le sergent Alfredo Simoni des alpini raconte : « Vers minuit, après six heures de pluie et de tonnerre, il s'est fait un grand silence blanc. C'est la neige. Nous sommes ensevelis dans la boue, trempés jusqu'aux os. Je ne peux plus remuer mes doigts de pieds. La neige tombe lentement, nous sommes blancs nous aussi. Le froid nous a glacé le sang. Nous sommes condamnés à l'immobilité absolue. Bouger signifie « appeler » la mitrailleuse autrichienne. Après six heures de pluie et quatre de neige, nous sommes enfin relevés. Beaucoup, ayant les pieds gelés, ne peuvent plus marcher. »[42]

Une lutte terrible se concentre autour d'Olsavia. Le feu infernal de l'artillerie autrichienne coute à la brigade italienne des Grenadiers 3200 hommes tués ou blessés en un quart d'heure sur les 6000 soldats qu'elle comptait au début ! Le général Montuori, commandant la brigade, est gravement blessé par un éclat d'obus, mais il refuse d'être évacué. L'héroïque brigade Sassari, l'unité italienne la plus décorée de la Grande Guerre 14-18, enlève trois tranchées successives sur le Carso et capture 2000 soldats ennemis,

---

[42] *Archives militaires italiennes*, Rome.

tout en déplorant dans ses rangs 1600 soldats hors de combat (tués ou blessés).

Avec ses onze offensives, la bataille de l'Isonzo (1915-1917), plus meurtrière que celle de Verdun (843 000 soldats français et allemands tués ou blessés), tue ou blesse 800 000 soldats italiens et 600 000 soldats austro-hongrois, soit 1 400 000 victimes ! C'est également plus que la bataille de la Somme (1 200 000 tués ou blessés allemands, britanniques et français). Toujours sur le front italien, la bataille du Trentin-Ortigara (1916-1917) se termine par la mise hors de combat (tués ou blessés) de 292 000 soldats italiens et austro-hongrois. Les deux dernières offensives de l'Isonzo de l'été 1917 tuent ou blessent 521 600 soldats italiens et austro-hongrois ! C'est bien davantage que la bataille de Normandie de l'été 1944 avec ses 466 000 militaires alliés et allemands tués ou blessés. La bataille de Caporetto, d'octobre- novembre 1917, cause également des pertes considérables : 290 000 soldats italiens, austro-hongrois et allemands tués ou blessés !

Le front italien prend une importance tactique et stratégique de plus en plus importante pour les Alliés, en fixant une vingtaine de divisions austro-hongroises en 1915, une quarantaine en 1916, une cinquantaine en 1917 et une soixantaine en 1918. Autant de troupes ennemies qui ne peuvent intervenir sur le front français aux côtés des Allemands. La défection de la Russie en mars 1918 ne fait qu'accroitre davantage l'importance du front italien au bénéfice des Alliés.

Le maréchal français Foch écrit que « sur le Carso, l'armée italienne a tenu pendant deux ans dans des conditions physiques et morales si dures, que peut-être aucune autre armée au monde n'y aurait résisté ».[43] Le général autrichien Kraus écrit à propos de la troisième offensive de l'Isonzo : « Dans le secteur d'un bataillon, les Italiens sont revenus sept fois à l'assaut et ont laissé 800 cadavres, preuve de l'énergie de leur attaque. »[44] Le général autrichien von Pitreich relève la fureur de l'élan italien après la conquête de Gorizia : « Avec une obstination qu'il faut reconnaître, les Italiens ont poursuivi leurs tentatives pour s'ouvrir de force la route de Trieste. Jour et nuit, en particulier sur le plateau du Carso, se sont livrés de furieux combats corps à corps. Les attaques italiennes en masse

---

[43] *Archives militaires françaises*, Vincennes.

[44] *Archives militaires autrichiennes*, Vienne.

étaient conduites avec une ardeur absolument insensée. »⁴⁵

L'archiduc Joseph, commandant le 7e corps d'armée autrichien, tient le même langage : « Les Italiens font suivre les assauts sans interruption : nous ne réussissons à les contenir qu'au prix de pertes énormes... Ils viennent à l'attaque en masse compactes et subissent des pertes indescriptibles, mais continuent jusqu'à l'épuisement. » Son admiration pour ses adversaires ne fait que grandir, à mesure que la guerre se prolonge : « De toute mon âme, écrit-il en novembre 1915, je dois exprimer mon admiration pour les Italiens. Je n'avais jamais vu une semblable ténacité dans des attaques aussi meurtrières. » Et en septembre 1916 : « Impartialement, nous devons noter comme dignes d'admiration la grande hardiesse et l'élan des Italiens. Un courage merveilleux dont on doit, même chez un ennemi, se souvenir avec le plus profond respect. »⁴⁶

Le général autrichien Boroevitch, commandant de la

---

[45] *Archives militaires autrichiennes*, Vienne.

[46] *Archives militaires autrichiennes*, Vienne.

5e armée austro-hongroise engagée sur l'Isonzo, témoigne ainsi : « Les troupes italiennes ont combattu avec une bravoure extraordinaire. Avec un esprit offensif téméraire, elles ont enlevé plusieurs de nos positions montagneuses, malgré l'immense difficulté du terrain, les pires conditions climatiques et la puissance de notre armement. Nos vaillants soldats ont plusieurs fois reculé devant la fougue des bersaglieri (tirailleurs), des alpini et des fantassins italiens. C'est pour le soldat austro-hongrois un grand titre de gloire que d'avoir pris part à la bataille de l'Isonzo, dont les combats ont été aussi terribles qu'à Verdun et sur la Somme sur le front français. »[47]

De son côté, le général allemand Ludendorff rend hommage « à la tenace résistance italienne qui souvent doit être brisée par de terribles corps à corps. J'exprime mon admiration pour les soldats italiens qui, en octobre 1917, attaqués par les meilleures troupes austro-hongroises, renforcées par d'excellentes divisions allemandes, résistent avec héroïsme et parviennent à se rétablir sur le fleuve du Piave en novembre 1917, malgré notre supériorité

---

[47] *Archives militaires autrichiennes*, Vienne.

numérique de deux à trois contre un. » Il écrit également : « La onzième offensive de l'Isonzo avait été riche de succès pour l'armée italienne. Les armées autrichiennes avaient courageusement résisté, mais leurs pertes sur les hauteurs du Carso et de la Bainsizza avaient été si considérables, leur moral tellement ébranlé, que les autorités politiques et militaires de l'Autriche-Hongrie en étaient venues à la conviction que leurs armées ne pourraient pas continuer la lutte et soutenir un douzième choc de l'Italie. L'une des causes principales de notre défaite fut la déficience de l'Autriche-Hongrie, que l'Italie serrait à la gorge de plus en plus fort. Si l'Autriche-Hongrie avait pu rendre disponible une partie de ses divisions et les envoyer sur le front français, la guerre aurait était gagnée par les Empires centraux, qui n'auraient pas craint les renforts américains. »[48]

L'armée italienne doit combattre dans des conditions topographiques défavorables à l'offensive, le long d'une front de 600 kilomètres, constitué de montagnes propices aux défenses ennemies et qu'il faut aborder de

---

[48] *Archives militaires allemandes*, Fribourg-en-Brisgau.

front. Cette guerre nécessite, dans les deux camps, un effort surhumain pour triompher des difficultés climatiques et établir des positions atteignant parfois 3500 mètres d'altitude, les ravitailler par des galeries creusées dans la glace, des sentiers escarpés, des téléphériques, les disputer par des assauts acrobatiques.

En juin 1918, les troupes italiennes, commandées par le général Diaz, repoussent une puissante offensive austro-hongroise sur le Piave et dans le Trentin, qui se termine par la mise hors de combat de 85 000 soldats italiens (tués ou blessés) et de 180 000 soldats ennemis. Après ce succès défensif, l'armée italienne, reconstituée et bien commandée, se trouve en mesure de passer à son tour à l'offensive.

Le plan offensif italien du général Diaz envisage d'attaquer aussi bien dans le secteur montagneux du Trentin que sur le Piave, avec un effort particulier sur le mont Grappa, afin de déborder les positions adverses se trouvant sur le Piave. Il s'agit en bref de couper en deux l'ensemble des troupes austro-hongroises sur un front d'attaque de 300 kilomètres.

A la veille de cette bataille, les forces en présence s'équilibrent, avec 57 divisions alliées (704 bataillons), dont 51 divisions italiennes, 4 divisions britanniques et 2 divisions françaises, 7700 pièces d'artillerie et 1754 mortiers de tranchée. En face, l'armée austro-hongroise aligne 58 divisions (724 bataillons), 6030 canons et environ un millier de mortiers de tranchée. Cinq autres divisions austro-hongroises sont maintenues en réserve.

Dans les jours qui précèdent l'offensive, divers incidents ont lieu à l'arrière de l'armée austro-hongroise. Le 22 octobre 1918, deux régiments croates refusent de relever en ligne une brigade également croate, mais ils sont rapidement ramenés à l'obéissance. Le 24, deux compagnies bosniaques, qui ont reçu l'ordre de s'approcher du front, déclarent qu'elles ne veulent plus combattre. Mais, sauf incidents sporadiques, la grande masse de l'armée austro-hongroise se maintient compacte, prête à obéir à ses chefs, de sorte que l'offensive italienne est attendue avec fermeté et confiance.

De son côté, l'armée italienne, fière de son succès défensif sur le Piave, connaît un extraordinaire renouveau : des sections d'assaut, les arditi, sont créées dans chaque régiment et l'instruction est orientée résolument vers le combat offensif. Le nouveau chef de l'armée italienne, le général Armando Diaz, est un napolitain plus froid qu'exubérant, artilleur renommé. Il fait remarquablement face aux Autrichiens sur le Piave en 1917 et 1918. Simple d'allure, calme et circonspect, jugé excellent tacticien par Foch, il sait guetter avec patience l'heure de la victoire. Son adversaire autrichien, l'archiduc Joseph remplace depuis le 15 juillet 1918 le maréchal Conrad sur le front italien. Déterminé, il lance l'ordre suivant à ses troupes : « La situation générale donne à penser que l'ennemi tentera d'obtenir des succès même sur le front italien. Il doit nous trouver absolument prêts à le repousser à tout prix et devra se convaincre que son entreprise sera inutile et sanglante, comme ce fut le cas sur le Carso. »[49]

L'offensive italienne, repoussée de quelques jours à cause d'une crue soudaine du Piave, débute le matin du 24 octobre 1918, jour anniversaire du début de la bataille de Caporetto. Avant l'aube, l'artillerie italienne ouvre le feu du Trentin à la mer adriatique. Vers 7 heures, l'infanterie italienne sort des tranchées. Le temps semble peu favorable : toutes les positions sont enveloppées d'un épais brouillard, accompagné de pluie et de neiges fondues.

---

[49] *Archives militaires autrichiennes*, Vienne.

Dans le secteur du Trentin, les sommets culminent à près de 2000 mètres d'altitude, offrant ainsi aux troupes austro-hongroises une solide position défensive. Dès les premiers assauts des troupes italiennes, la résistance de l'ennemi se révèle partout d'un extrême acharnement. Cependant, les Italiens attaquent avec fougue. La brigade Bari occupe d'un seul élan le mont Asolone et la brigade Basilicate pousse jusqu'aux premiers contreforts du col Caprile. L'adversaire déclenche alors le feu d'innombrables mitrailleuses, et passant à la contre-attaque, parvient à empêcher la brigade Basilicate de pénétrer dans ses lignes et contraint la brigade Bari à abandonner l'Asolone.

Au centre, la brigade Pesaro enlève le mont Pertica, tandis que la brigade Cremone occupe le versant centre entre le Pertica et le Prassolan. La 23e section d'assaut des arditi s'empare de la cote 1484 du mont Prassolan, mais l'ennemi empêche l'arrivée de renforts italiens par le tir très nourri de son artillerie et dévoile à chaque instant des nids meurtriers de mitrailleuses, obligeant les troupes italiennes à reculer en divers endroits. La brigade Aoste, à la faveur d'une manœuvre foudroyante, s'empare du mont Valderoa et le dépasse en capturant 400 prisonniers. La brigade Udine progresse sur les pentes du Spinoncia.

Sur les plateaux, les vigoureuses poussées italiennes et franco-britanniques tentent d'empêcher l'ennemi de déplacer ses forces vers le mont Grappa. Le 126e régiment d'infanterie français s'empare du mont Sisemol et fait 800 prisonniers autrichiens, tandis qu'un bataillon anglais en capture 200 dans le secteur d'Asiago.

Sur le Piave, des troupes de la 10e armée italienne, dans la nuit du 23 au 24 octobre, occupent par surprise la partie nord de la Grave di Padadopoli, dépassant ainsi l'endroit où le courant est le plus impétueux, ce qui facilite le passage du fleuve, fixé au 24.

Le matin du 25, après une nouvelle préparation d'artillerie, la 9e section d'assaut des arditi, en pointe de la brigade Bari, se jette sur les tranchées de l'Asolone dans le Trentin avec son impétuosité coutumière. Victorieuse, elle s'élance ensuite vers le col della Berretta, tombe en trombe dans les tranchées de l'ennemi et capture 600 prisonniers autrichiens. Après 5 heures de lutte très dure, la 18e section d'assaut de la brigade Pesaro conquiert le mont Pertica et repousse toutes les contre-attaques adverses. À droite, la brigade Bologne s'empare du mont Forcelletta.

Le 26, la lutte se rallume avec une violence renouvelée dans le Trentin. La division d'élite autrichienne

Edelweiss du Tyrol arrive en renfort et contraint la brigade Forli à se replier avec des pertes importantes. Le 18e bataillon d'assaut de la brigade Pesaro s'efforce en vain d'arracher à l'ennemi la forte position d'Osteria del Forcelletto.

Le 27, une lutte féroce s'engage sur le mont Pertica : attaques et contre-attaques se succèdent dans les deux camps. Les brigades Pesaro et Florence, les arditi des 18e et 20e bataillons repoussent finalement tous les assauts adverses. Le lendemain, une implacable action d'artillerie se déroule de nouveau dans le Trentin, afin de paralyser les contre-attaques autrichiennes et, le matin du 29, la brigade Calabre et trois sections d'arditi s'élancent en direction du cirque montagneux de Feltre.

Sur le Piave, la 10e armée italienne est parvenue à constituer une tête de pont de 9 kilomètres de long sur 3 kilomètres de profondeur, tout en capturant 5620 soldats autrichiens et 24 canons. Une autre tête de pont est constituée plus au nord par la 12e armée italienne, aux environs de Valdobbiadene. La 8e armée italienne rencontre par contre les pires difficultés pour jeter des ponts. La violence du courant et le tir de l'artillerie ennemie, qui des collines de San Salvatore domine tout le lit du fleuve et balaye les deux rives d'un feu violent, rendent l'opération très difficile.

Cependant, malgré les difficultés du terrain et la résistance acharnée des Autrichiens, l'armée italienne progresse un peu partout sur l'ensemble du front, aussi bien dans le Trentin que sur le Piave. Le 29 octobre, la victoire semble se dessiner. Tous les ponts sont lancés sur le Piave et toutes les troupes italiennes passent le fleuve. Les dernières contre-attaques autrichiennes sont repoussées. Le 8e corps italien occupe Susegana et pousse une colonne mobile sur Vittorio Veneto. La 10e armée italienne passe le Monticano sur un large front. Au nord, le 22e corps italien, après avoir vaincu les dernières résistances de l'ennemi, poursuit sa marche en avant. La 12e armée italienne conquiert le mont Cesen et atteint Quero.

De toutes parts l'avance italienne devient foudroyante. Le 30, le commandement autrichien ordonne la retraite générale. La 12e armée italienne s'ouvre un passage à travers le défilé de Quero, la 8e armée force le défilé de Serravalle, au nord de Vittorio Veneto. La 10e armée italienne, après avoir soutenu un combat victorieux contre l'arrière-garde ennemie à Cimetta, atteint Livenza. La 3e armée italienne entre également en action à San Dona.

Le 31 octobre marque l'écroulement de l'armée austro-hongroise. Les bataillons d'alpini Exilles et Pieve di Cadore entre à Feltre. La progression italienne est foudroyante dans le Trentin, où tout le plateau d'Asiago est conquis. Les armées italiennes du Piave avancent avec une égale rapidité. Les colonnes de cavalerie italienne s'enfoncent profondément à l'intérieur du dispositif autrichien.

Le 2 novembre, les Italiens bousculent toute résistance autrichienne au bord du Tagliamento, en capturant 100 000 soldats ennemis démoralisés et 2200 canons. Le 3, le général Diaz lance la proclamation suivante : « Le reste de cette armée, qui fut l'une des plus puissantes armées du monde, remonte en désordre et sans espoir les vallées qu'elle avait enlevées avec tant d'orgueilleuse assurance. »[50] Les troupes italiennes et alliées progressent de 150 kilomètres en seulement quatre jours ! La ville de Trieste est conquise par un débarquement des fusiliers marins italiens et des bersaglieri (tirailleurs). Les Italiens pénètrent dans la vallée de l'Adige, tandis que

---

[50] *Archives militaires italiennes*, Rome.

des navires de guerre occupent toute la côte de l'Istrie et le port de Fiume.

L'armée italienne remporte une éclatante victoire en l'espace de quelques jours, véritable revanche de Caporetto, avec 430 000 prisonniers austro-hongrois et 6 818 canons et mortiers capturés ! La bataille de Vittorio Veneto se termine avec les pertes militaires suivantes : 40 000 soldats italiens tués ou blessés et 70 000 soldats austro-hongrois. Devant la déroute sans précédent de l'armée austro-hongroise, l'empereur Charles VI demande un armistice à l'Italie, qui est conclu à Villa Guisti, non loin de Padoue, le 3 novembre 1918 et prend effet le lendemain.

Les pertes italiennes de la Première Guerre mondiale s'élèvent à 780 000 soldats tués et le double de blessés, tandis que sur les 1 200 000 soldats austro-hongrois morts durant la même période, plus de 600 000 succombent sur le front italien.

L'historien britannique Mark Thompson souligne que « l'Italie, avec une population de 35 millions d'habitants, déplore 780 000 soldats tués dans cette guerre de 1915 à 1918, alors que la Grande-Bretagne, avec 46 millions d'habitants, compte 662 000 soldats tués de 1914 à 1918 (plus environ 114 000 disparus). »[51]

L'annonce de la défaite autrichienne de Vittorio Veneto plonge le commandement allemand dans le plus profond désespoir. En effet, 63 divisions austro-hongroises, battues sur le front italien, ne sont plus en mesure de soutenir l'Allemagne dans sa lutte contre les Alliés. Bien davantage que les 16 divisions américaines, engagées en premières ligne sur le front français durant la fin de l'été et le début de l'automne 1918, l'apport tactique et stratégique de 51 divisions italiennes joue un rôle décisif dans la victoire finale de Alliés en novembre 1918. La perte d'une soixantaine de divisions austro-hongroises, vainques par l'armée italienne, précipite la décision finale de l'Allemagne de signer l'armistice le 11 novembre 1918.

Le maréchal allemand von Hindenburg écrit à ce sujet : « Beaucoup plus que l'engagement de quelques divisions américaines sur le front occidental, ce fut la défaite de notre alliée austro-hongrois contre l'Italie qui nous poussa à conclure aussi rapidement un armistice avec

---

[51] Mark Thompson, *The White War, life and death on the italien front 1915-1918*, éditions Faber and Faber 2008.

les Alliés. La perte d'une soixantaine de divisions austro-hongroises était pour nous un désastre irrémédiable. De plus, il nous était désormais impossible de lutter à la fois contre les Alliés sur le front occidental et d'envoyer plusieurs de nos précieuses divisions dans le Tyrol pour s'opposer à la menace d'une cinquantaine de divisions italiennes. Toute l'Allemagne du sud était désormais menacée par l'armée italienne, tandis que l'on devait en même temps contenir les offensives alliées sur le front occidental. »[52]

Cet aspect, pourtant essentiel de la fin de la guerre en novembre 1918, est très souvent ignoré par de nombreux historiens, uniquement fascinés par le mythe du « sauveur américain ». L'élimination de 63 divisions austro-hongroises, l'apport de 51 divisions italiennes sont relayés au second plan dans la victoire finale des Alliés, au bénéfice des 16 divisions américaines engagées en première ligne, dont seulement 8 ayant l'expérience du combat.

L'apport militaire italien ne se limite pas au front des Alpes, puisque 60 000 soldats italiens luttent avec héroïsme

---

[52] *Archives militaires allemandes*, Fribourg-en-Brisgau.

sur le front français en 1918. Il s'agit du 2e corps d'armée du général Alberico Albricci (brigades Napoli, Salerno, Brescia, Alpi) qui accuse des pertes terrifiantes avec 35 000 soldats tués ou blessés ! Le maréchal Pétain atteste que « l'armée italienne a aidé l'armée française durant la bataille de la Marne de 1918 par sa belle résistance et ses contre-attaques. Je savais que je pouvais demander beaucoup à de semblables troupes. L'Italie peut être fière du général Albricci et des troupes qui, sous son commandement, ont victorieusement combattu sur le sol de France. Lors des combats de Bligny, le 15 juillet 1918, les troupes italiennes parviennent à stopper l'offensive ennemie au prix de 16 000 soldats hors de combat, empêchant l'armée allemande de s'emparer de son objectif sur ce secteur du front, à savoir la ville d'Épernay. En effet, le 2e corps d'armée italien, luttant à un contre trois, a par sa conduite héroïque contribué à barrer aux Allemands la route d'Épernay. En septembre 1918, le même corps d'armée italien effectue une percée près de Chavonne et poursuit son avancée jusqu'à Rocroi et les rives de la Meuse ».[53]

---

[53] *Archives militaires françaises*, Vincennes.

Le général français Mangin est tout aussi admiratif : « En septembre 1918, les vaillantes troupes italiennes ont reconquis le Chemin-des-Dames sur toute la largeur du front qui leur était assigné, et d'un seul élan atteint et même dépassé l'Ailette. Tous les soldats italiens du corps d'armée Albricci étaient des combattants d'élite, aguerris par plusieurs années de combats sur le front italien. La brigade Alpi était commandée par le colonel Peppino Garibaldi qui avait déjà combattu sur le front français en 1914-1915, à la tête de la légion garibaldienne. »[54]

En 1918, sur le front des Balkans, l'armée italienne est la troisième contributrice en effectifs militaires alliés avec 144 000 soldats, derrière la France (210 000 soldats), la Grèce (157 000 soldats) et devant la Grande-Bretagne (138 000 soldats) et la Serbie (119 000 soldats). Elle participe activement à l'offensive de septembre 1918 amenant à la capitulation de 400 000 soldats bulgares, privant ainsi l'Allemagne et l'Autriche-Hongrie d'un précieux allié.

---

[54] *Archives militaires françaises*, Vincennes.

DOCUMENT ANNEXE III

HISTORIQUE DU 27E BATAILLON DE CHASSEURS ALPINS DU 12 NOVEMBRE 1918 À NOS JOURS

Détenteur en 1918 de six citations à l'ordre de l'armée, d'une à l'ordre du corps d'armée et de deux à l'ordre de la division, le 27e bataillon de chasseurs alpins (BCA) voit son fanions décoré de la fourragère rouge le 12 novembre. C'est le premier bataillon de chasseurs à obtenir cette récompense ultime.

Après un séjour à Paris et dans les régions libérées, dont l'Alsace, le 27e BCA est incorporé à la 46e division d'infanterie (DI), et va monter la garde aux bords du Rhin. Il passe sous les ordres du commandant Montalègre. Cependant, la guerre n'est pas terminée pour ce bataillon d'élite. En 1921, il fait partie du corps expéditionnaire français en Haute-Silésie, composé également des 6e BCA,

7e BCA, 10e BCP (bataillon de chasseurs à pieds), 13e BCA, 15e BCP, 24e BCA et 29e BCP, tous regroupés dans la 46e DI, qui défend avec succès la Silésie polonaise d'une invasion russe bolchévique.

En 1922, le 27e BCA prend ses quartiers à Annecy. Il reçoit la visite du président du conseil Georges Clemenceau. Le bataillon reçoit la fourragère aux couleurs de la Légion d'honneur. En 1925, il part en Tunisie, puis au Maroc, où il participe à la campagne du Rif. Il retrouve ensuite sa garnison à Annecy. En 1939, il laisse sa section d'éclaireurs skieurs sur le front des Alpes à la Chapelle-Saint-Jacques (qui va se distinguer contre les troupes italiennes en juin 1940) et forme avec deux autres BCA la 25e demi-brigade de chasseurs alpins. Intégré à un corps expéditionnaire, le 27e BCA est engagé dans la bataille de Namsos en Norvège, du 19 au 29 avril 1940, puis se trouve aux avants postes de la ligne Maginot dans les basses Vosges. En mai-juin 1940, il lutte avec héroïsme sur le canal de l'Ailette dans l'Aisne, où il repousse durant plusieurs semaines des forces allemandes trois fois plus importantes. Il obtient deux citations durant la campagne de mai-juin 1940. Maintenu dans l'armée d'armistice, il retrouve sa garnison à Annecy. Il doit se dissoudre en novembre 1942, suite à l'invasion allemande et italienne de la zone libre.

Cependant, il organise et encadre le maquis de Glières en 1943-1944, puis participe à la campagne de 1944-1945 sur le front des Alpes, sous le commandement du chef de bataillon Godard. Le 27e BCA participe ensuite à l'occupation de l'Autriche. Une compagnie lutte en Indochine en décembre 1946.

Du 23 septembre 1955 au 26 novembre 1962, le 27e BCA participe aux opérations militaires en Algérie, puis se retire à Annecy en garnison. De décembre 1983 à mai 1984, sous le commandement du capitaine Bertrand de Monicault, la 2e compagnie du 27e BCA accomplit une mission de maintien de la paix au Liban. Durant les années 1990 et 2000, il participe à diverses missions dans les Balkans et en Afrique. Le 27e BCA est engagé en Afghanistan en 2008-2009, puis en 2011-2012. Il se distingue particulièrement en mars 2009, dans la vallée d'Alasaï, en infligeant une cuisante défaite aux talibans et reçoit une citation à l'ordre de l'armée. Il participe à l'opération Barkhane au Mali, de juin à septembre 2016.

Outre Albert Roche, les personnes célèbres ayant servi au 27e BCA sont notamment l'aviateur Roland Garros (1888-1918), qui est affecté à ce bataillon au début de la Première Guerre mondiale, puis rejoint ensuite l'aviation.

L'acteur Charles Denner s'engage auprès du maquis du Vercors durant la Seconde Guerre mondiale, où il est gravement blessé au dos. Le chanteur Hugues Aufray fait son service militaire au 27e BCA à Annecy. Le lieutenant Tom Morel, compagnon de la Libération, commande le bataillon des Glières pendant la Seconde Guerre mondiale. Le peintre Maurice Boitel (1919-2007), sert au 27e BCA durant la Seconde Guerre mondiale, sous les ordres du colonel Jean Valette d'Osia. L'alpiniste Maurice Herzog (1909-2012), sert au 27e BCA avec le grade de capitaine durant la campagne des Alpes en 1944-1945. Il est l'un des vainqueurs de l'Annapurna, la célèbre montagne de l'Himalaya. Nicolas Le Nen, patron de la DGSE, a servi au 27e BCA, etc...

De nos jours, le 27e bataillon de chasseurs alpins (BCA) est intégré à la 27e division d'infanterie de montagne. Unité d'élite de l'armée française, le 27e BCA est particulièrement adapté au combat en zones montagneuses et urbanisées, notamment en climats rigoureux. Implanté à Annecy en Haute-Savoie, le 27e BCA est composé de 1100 femmes et hommes, dont l'ensemble est articulé en 7 unités élémentaires, avec 1 compagnie de commandement et de logistique, 4 compagnies de combat, 1 compagnie d'éclairage et d'appui (dont la section de commando montagne) et 1 compagnie de réserve. Le 27e BCA est apte à combattre prioritairement en montagne et en zone urbaine, mais peut également être engagé comme unité d'infanterie classique en tous terrains. Il s'entraine à intervalles réguliers à l'étranger, dont particulièrement en Norvège. Il est capable de ses déplacer à pied sur de longues distances et en terrain escarpé, à skis, en parapente, en hélicoptère ou en véhicule chenillé. Il est également spécialisé dans l'escalade.

SOURCES PRINCIPALES

Archives de la famille d'Albert Roche, mairie de Réauville.

Archives militaires françaises, Vincennes.

Archives militaires allemandes, Fribourg-en-Brisgau et Berlin.

Archives militaires anglaises (Imperial War Museum), Londres.

Archives militaires italiennes, Rome.

Archives militaires autrichiennes, Vienne.

L'Alsace et les combats des Vosges 1914-1918, guide illustré Michelin 1920.

Stéphane Audouin-Rouzeau, Annette Becker, *La Grande Guerre 1914-1918*, éditions Gallimard 2006.

Stéphane Audouin-Rouzeau, Jean-Jacques Becker, *Encyclopédie de la Grande Guerre*, éditions Bayard 2004.

Jean-Jacques Becker, *La Première Guerre mondiale*, éditions Belin 2003.

Enzo et Laurent Berrafato, Jean-Pierre Verney, *L'Italie en guerre 1915-1918*, 14-18 éditions 2006.

Olivier Beressi, *La Grande Guerre 1914-1918, l'histoire vraie de la Première Guerre mondiale*, éditions Cobra 2008.

Henry Bidou, *Histoire de la Grande Guerre*, éditions Gallimard 1936.

Yves Buffetaut, *Atlas de la Première Guerre mondiale*, éditions Autrement 2005.

Louis Cadars, *L'année sanglante de Verdun*, Les Cahiers de l'Histoire n°53, février 1966, Paris.

Raymond et Jean-Pierre Cartier, *La Première Guerre mondiale*, éditions Les Presses de la Cité 1982.

François Cochet, *Première Guerre mondiale*, éditions Studyrama 2001.

Dossier Guerres et Histoire n°5, 1918, l'armée française à son zénith, doctrine, opérations, matériels : France 3 – Allemagne 0, éditions France-Mondadori.

Thierry Ehret, 1914-1918, autour du Hartmannswillerkopf, éditions du Rhin 1988.

Emilio Faldella, *La Grande Guerra: le battaglie dell'Isonzo 1915-1917*, éditions Chiari 2004.

Franck Ferrand, Laurent Villate, R.G. Grant, *Les 1001 batailles qui ont changé le cours de l'Histoire*, éditions Flammarion 2012.

Marc Ferro, *La Grande Guerre*, éditions Gallimard 1990.

Liliane et Fred Funcken, *L'uniforme et les armes des soldats de la Guerre 1914-1918*, éditions Casterman 1970.

Paul Guichonnet, *l'Italie, la monarchie libérale 1870-1922*, éditions Hatier 1969.

Historique du 27e bataillon alpin de chasseurs à pied pendant la guerre 1914-1918, imprimerie Berger-Levrault s.d.

Mario Isnenghi, *La Première Guerre mondiale*, éditions Casterman 1993.

Jean-Yves Le Naour, *La Première Guerre mondiale pour les nuls*, éditions First 2008.

Pierre Miquel, *Les Poilus*, éditions Pocket 2005.

Pierre Miquel, *La Grande Guerre au jour le jour*, éditions Fayard-Pluriel 2010.

Benito Mussolini, *Mon journal de guerre*, éditions Flammarion 1934.

Nicolas Offenstadt, *La Grande Guerre en trente questions*, éditions Odile Jacob 2002.

Général de Pouydraguin, *La bataille des Hautes-Vosges*, éditions Payot 1937.

Max Schiavon, *Les combats héroïques du capitaine Manhès, carnets inédits d'un chasseur alpin (1915-1916)*, éditions Pierre de Taillac 2015.

Mark Thompson, *The White War, life and death on the italian front 1915-1918*, éditions Faber and Faber 2008.

Commandant Amédée Tosti, *L'Italie dans la guerre mondiale 1915-1918*, éditions Payot 1933.

Général J.E. Valluy, avec la collaboration de Pierre Dufourcq, *La Première Guerre mondiale*, éditions Larousse 1979.

DU MEME AUTEUR

L'Italie en guerre 1915-1918. Éditions Ulysse 1986.

Les guerres de Mussolini. Éditions Jacques Grancher 1988.

Connaître les châteaux du Périgord. Éditions Sud-Ouest 1989.

La Résistance dans le Sud-Ouest (préface de Jacques Chaban-Delmas). Éditions Sud-Ouest 1989.

L'épopée du corps franc Pommiès. Éditions Jacques Grancher 1990.

Le Sud-Ouest mystérieux. Éditions Sud-Ouest 1990.

L'affaire Grandclément. Éditions Sud-Ouest 1991.

Le livre d'or de la Résistance dans le Sud-Ouest. Éditions Sud-Ouest 1991.

Bordeaux pendant l'occupation. Éditions Sud-Ouest 1992.

Les contes populaires de toutes les Pyrénées. Éditions Sud-Ouest 1992.

Les grands crimes du Sud-Ouest. Éditions Sud-Ouest 1993.

Les FFI au combat. Éditions Jacques Grancher 1994.

Souvenirs de la guerre 1939-1945. Éditions Sud-Ouest 1995.

La montagne de lumière (roman). Éditions Lucien Souny 1995.

Gabriele D'Annunzio en France 1910-1915. Éditions J/D 1997.

Mussolini. Éditions Chronique 1997.

Rommel. Éditions Chronique 1998.

La poche du Médoc 1944-1945. Éditions CMD 1998.

Jacques Chaban-Delmas. Éditions CMD 1998.

Bordeaux et Arcachon à la Belle Époque. Éditions CMD 1998.

Bordeaux brûle-t-il ? La libération de la Gironde 1940-1945. Éditions Les Dossiers d'Aquitaine 1998.

Biarritz à la Belle Époque. Éditions CMD 1998.

Les corridas de Bayonne. Éditions CMD 1999.

Bordeaux, la base sous-marine 1940-1944. Éditions CMD 1999.

Bernadette Soubirous. Éditions CMD 1999.

Les échassiers des Landes. Éditions CMD 1999.

Périgord, l'aventure de la Préhistoire. Éditions CMD 1999.

Périgord, histoire de la truffe. Éditions CMD 1999.

Histoire de la France militaire et résistante. Éditions du Rocher 2000.

Aquitaine, histoire de la Résistance. Éditions CMD 2000.

Limousin, histoire de la Résistance. Éditions CMD 2001.

Orthon le farfadet et autres histoires mystérieuses de l'Aquitaine. Éditions du Rocher 2001.

Jean-Pierre Schnetzler, itinéraire d'un bouddhiste occidental. Éditions Desclée de Brouwer 2001.

L'affaire de Bentzmann 1939-1945. Éditions les Chemins de la Mémoire 2002.

La poche de Royan 1939-1945. Éditions les Chemins de la

Mémoire 2002.

Les combats victorieux de la Résistance dans la libération 1944-1945. Éditions du Cherche Midi 2002.

Les voies de la sérénité, les grandes religions et l'harmonie intérieure. Éditions Philippe Lebaud 2002.

Regards chrétiens sur le bouddhisme, de la diabolisation aux convergences. Éditions Dervy 2002.

Histoires mystérieuses du Sud-Ouest. Éditions les Chemins de la Mémoire 2002.

La bataille des cadets de Saumur, juin 1940. Éditions les Chemins de la Mémoire 2002.

La libération du Sud-Ouest 1944-1945. Éditions les Chemins de la Mémoire 2003.

Le grand livre des fantômes. Éditions Trajectoire 2003.

Lama Namgyal, vie et enseignement d'un moine bouddhiste occidental. Éditions les Presses de la Renaissance 2003.

Arcachon : pages de son histoire. Éditions les Chemins de la Mémoire 2003.

Visite historique de Bayonne. Éditions les Chemins de la Mémoire 2003.

Visite historique de Biarritz. Éditions les Chemins de la Mémoire 2003.

Visite historique de Bordeaux. Éditions les Chemins de la Mémoire 2003.

Visite historique du Bassin d'Arcachon. Éditions les Chemins de la Mémoire 2003.

Les plages du débarquement. Éditions les Chemins de la Mémoire 2003.

La France combattante de la victoire 1944-1945. Éditions les Chemins de la Mémoire 2003.

La Poche de la Rochelle 1944-1945. Éditions les Chemins de la Mémoire 2003.

Rommel (biographie), la fin d'un mythe. Éditions du Cherche Midi 2003.

Les Chercheurs d'Absolu. Éditions du Félin 2003.

Lama Guendune, un grand maître tibétain en France. Éditions Oxus 2003.

Les vies antérieures, des preuves pour la réincarnation. Éditions du Félin 2004.

Histoire de la presse en France. Éditions de Vecchi 2004.

Les voies spirituelles du bonheur (yoga, bouddhisme, oraison, soufisme). Éditions inFolio 2005.

Les Jésuites. Éditions de Vecchi 2005.

Comme des lions, Le sacrifice héroïque de l'armée française en mai-juin 1940. Éditions Calmann Lévy 2005.

Les Templiers. Éditions de Vecchi 2005.

Les grandes affaires de la Résistance. Éditions Lucien Souny 2005.

La Réincarnation, histoires vraies. Éditions Trajectoire 2006.

Les Missionnaires. Éditions de Vecchi 2006.

C'est nous les Africains, l'épopée de l'armée française d'Afrique 1940-1945. Éditions Calmann Lévy 2006.

Histoires extraordinaires du bouddhisme tibétain. Éditions InFolio 2006.

Les grands ordres militaires et religieux. Éditions Trajectoire

2006.

Histoires extraordinaires de la Seconde Guerre mondiale. Éditions Lucien Souny 2006.

Jean Moulin. Éditions Infolio 2007.

La dérive intégriste. Éditions Acropole 2007.

La libération de la France. Éditions Lucien Souny 2007.

Lieux de pèlerinages et grandes processions. Éditions Trajectoire 2007.

Mers el-Kébir, juillet 1940. Éditions Calmann-Lévy 2007.

Lourdes la miraculeuse. Éditions Trajectoire 2008.

Les poches de l'Atlantique 1944-1945. Éditions Lucien Souny 2008.

Les 35 plus grandes affaires criminelles. Éditions Trajectoire 2008.

La guerre italo-grecque 1940-1941. Éditions Calmann-Lévy 2008.

Les victoires militaires françaises de la Seconde Guerre mondiale. Éditions Lucien Souny 2009.

La bataille de Bir Hakeim, une résistance héroïque. Éditions Calmann-Lévy 2009.

Convergences chrétiennes et bouddhistes. Éditions Oxus 2009.

Les grandes figures de la Résistance. Éditions Lucien Souny 2009.

Les mystères des manuscrits de la mer Morte. Éditions de Vecchi 2009.

Les mystères des prophéties. Éditions de Vecchi 2009.

Spectres, esprits et apparitions. Éditions de Vecchi 2009.

Le bouddhisme vu par la science. Éditions Oxus 2010.

La bataille de France jour après jour mai-juin 1940. Éditions Le Cherche Midi 2010.

Croyances et légendes populaires. Éditions de Vecchi 2010.

La bataille de Stonne, Ardennes 1940. Éditions Perrin 2010.

L'apport capital de la France dans la victoire des Alliés, 1914-1918 et 1939-1945. Éditions Le Cherche Midi 2011.

La bataille de Dunkerque 26 mai – 4 juin 1940. Éditions Tallandier 2011.

39-45 Les soldats oubliés, ceux dont l'Histoire ne parle plus. Éditions Jourdan 2012.

L'armée française pour les Nuls. Éditions First 2012.

Koenig, l'homme de Bir Hakeim. Éditions du Toucan 2012.

La libération de la France jour après jour 1944-1945. Éditions Le Cherche Midi 2012.

Histoire générale de la Résistance française. Éditions Lucien Souny 2012.

La Résistance. Éditions Gründ 2012.

La Gestapo et les Français. Éditions Pygmalion 2013.

Légendes et fadaises de la Seconde Guerre mondiale. Éditions First 2013.

Histoires extraordinaires de la Résistance française. Éditions Le Cherche Midi 2013.

La Résistance pour les nuls. Éditions First 2013.

Fiers de notre histoire. Éditions First 2013.

Les Crimes nazis lors de la Libération de la France 1944-1945. Éditions Le Cherche Midi 2014.

12 Trains qui ont changé l'Histoire. Éditions Pygmalion 2014.

La bravoure méconnue des soldats italiens 1914-1918 & 1939-1945. Éditions Altipresse 2014.

Gabriele d'Annunzio ou le roman de la Belle Époque. Éditions Le Rocher 2014.

Les opérations commandos de la Seconde Guerre mondiale. Nouveau Monde éditions 2014. Nouvelle éditions en Poche 2016.

Les grandes figures de la Résistance française. Éditions Sud-Ouest 2014.

Combats oubliés, résistants et soldats français dans les combats de la Libération 1944-1945. Éditions du Toucan-L'Artilleur 2014.

Éloge de l'armée française. Éditions Pierre de Taillac 2014.

La France s'est faite à coups d'épée, l'épopée des grandes batailles d'Hastings à la Libération. Éditions Armand Colin 2015.

Histoires extraordinaires de la guerre aérienne 1939-1945. Éditions JPO 2015.

Histoires incroyables et héroïques de la Résistance. Éditions JPO 2015.

Bordeaux sous l'Occupation. Geste éditions 2015.

Alain Juppé sans masque. Éditions First 2016.

Histoires extraordinaires de la Seconde Guerre mondiale. Éditions Le Cherche Midi 2016.

Histoires incroyables de la guerre 1939-1945. Métive éditions

2016.

Petite histoire du Pays basque. Geste éditions 2016.

La poche du Médoc 1944-1945. Geste éditions 2016.

La libération du Sud-Ouest. Geste éditions 2016.

Les grandes affaires d'espionnage de la Ve République. Éditions First 2016.

Histoire du Pays basque. Geste éditions 2016.

Le mythe du sauveur américain 1917-1918, essai sur une imposture historique. Éditions Pierre de Taillac 2017.

Jean-Claude Hubert, souvenirs de guerre d'un résistant, contre-espion et commando 1939-1945. Geste éditions 2017.

La Charente sous l'occupation. Geste éditions 2017.

Le Pays basque sous l'occupation. Geste éditions 2017.

Le Lot-et-Garonne sous l'occupation. Geste éditions 2017.

Les Landes sous l'occupation. Geste éditions 2017.

Les 100 000 collabos, le fichier interdit de la collaboration française. Éditions Le Cherche Midi 2017.

Ces chrétiens qui ont résisté à Hitler. Éditions Artège 2018.

SS français : récits, lettres et témoignages inédits de la SS Charlemagne. Éditions Jourdan 2018.

Nouvelles histoires extraordinaires de la Résistance, 16 récits inédits de héros qui ont sauvé la France. Éditions Alisio-Leduc 2018.

Les années interdites. Auteurs, journalistes et artistes dans la Collaboration. Éditions de l'Archipel 2018.

Les grandes affaires de la Libération 1944-1945. Éditions

Alisio 2019.

Les vérités cachées de la Seconde Guerre mondiale. Éditions du Rocher 2019.

Histoires extraordinaires de miracles et d'apparitions. Enquêtes et récits sur l'invisible dans les traditions chrétiennes et bouddhistes. Éditions Leduc 2019.

Jésus l'universel, l'histoire d'un message spirituel. Éditions Alisio 2019.

ÉDITIONS
LE RETOUR AUX SOURCES

www.leretourauxsources.com

www.ingramcontent.com/pod-product-compliance
Lightning Source LLC
Chambersburg PA
CBHW050802160426
43192CB00010B/1612